Der Bürgerkrieg
in Frankreich

法兰西内战

（德）卡尔·马克思 ◎ 著

吴黎平　刘云◎译

中央编译出版社
CCTP　Central Compilation & Translation Press

图书在版编目（CIP）数据

法兰西内战 /（德）卡尔·马克思著；吴黎平，
刘云译 . —北京：中央编译出版社，2024.5

ISBN 978-7-5117-4594-1

Ⅰ.①法… Ⅱ.①卡… ②吴… ③刘… Ⅲ.①法兰西内战—马克思著作 Ⅳ.① A123

中国国家版本馆 CIP 数据核字（2024）第 035893 号

法兰西内战

出版统筹	张远航
责任编辑	何　蕾
责任印制	李　颖
出版发行	中央编译出版社
网　　址	www.cctpcm.com
地　　址	北京市海淀区北四环西路69号（100080）
电　　话	（010）55627391（总编室）　　（010）55627116（编辑室） （010）55627320（发行部）　　（010）55627377（新技术部）
经　　销	全国新华书店
印　　刷	北京印刷集团有限责任公司
开　　本	710毫米×1000毫米 1/16
字　　数	165千字
印　　张	14
版　　次	2024年5月第1版
印　　次	2024年5月第1次印刷
定　　价	68.00元

新浪微博：@中央编译出版社　　　微　信：中央编译出版社（ID：cctphome）
淘宝店铺：中央编译出版社直销店（http://shop108367160.taobao.com）（010）55627331

本社常年法律顾问：北京市吴栾赵阎律师事务所律师　　闫军　梁勤
凡有印装质量问题，本社负责调换，电话：（010）55627320

出版前言

晚清民国时期，中国遭受前所未有的劫难，同时也是思想活跃、文化激荡的时期。在西方学术思想向中国传播过程中，中国人逐渐接受了西方哲学、西方政治学、西方经济学、西方心理学、西方伦理学等。通过翻译、学习、运用西方的学术思想，产生了一批贯通中西的本土学者，他们成为各学术领域的中流砥柱。一批先进的中国知识分子，还把发源于西方的马克思主义作为自己的理想信念，带领中国人民进行了翻天覆地的社会改造。由中央编译出版社发起整理的"回眸经典"丛书，即晚清民国时期中国学者著述、翻译、编写的经典学术著作，包括马克思主义、哲学、政治学、经济学、心理学等多个领域。这些经典学术著作联系中国学术的过往，见证了中国学人披荆斩棘的拓进历程，记录了近代中国的沧桑巨变。我们整理、编辑这套丛书，既是向前辈学人在探索道路上的筚路蓝缕致敬，也是为当代学者了解中国近代学术思想的演进过程，提供比较完整的文献资料。

《法兰西内战》是科学社会主义的重要文献。马克思在这部著作中全面总结了巴黎公社的战斗历程和历史经验，阐发了马克思主义关于阶级斗争、国家、无产阶级革命和无产阶级专政的学说。《法兰西内战》原文是英文，最初于一八七一年六月十三日左右在伦敦印成三十五页的小册子，发行一千册；不久又出版了英文第二版，发行两千册，在这一版中，改动了几处正文,增补了第二篇文件;同年八月,出版了英文第三版。在一八七一年和一八七二年两年内,《法兰西内战》几乎在欧美各主要大国都有了踪影,被译成德文、法文、俄文、意大利文、西班牙文、荷兰文、弗拉芒文、塞尔利亚—克罗地亚文、丹麦文和波兰文,在期刊上发表,并同时出版了单行本。《法兰西内战》德文版由恩格斯翻译,刊载于一八七一年六月至七月的《人民国家报》上,并在莱比锡出版了单行本。一八七六年,为纪念巴黎公社五周年,《法兰西内战》德文版再版。一八九一年,为纪念巴黎公社二十周年,恩格斯重新校订了德文版,并由《前进报》出版。同时,恩格斯还为该版本写了导言。这一版本还收入了马克思写的国际工人协会总委员会关于普法战争的第一篇和第二篇宣言。

《法兰西内战》首个中文全译本出现于一九三八年十一月,由吴黎平、刘云翻译,延安解放社以"马恩丛书之五"为名首次出版。本书共六个部分,其中,"恩格斯的引言"为《法兰西内战》德文第三版的序言,即恩格斯写的《卡尔·马克思〈法兰西内战〉》一书导言;"国际工人联合会总委员会为普法战争告欧美各分会全体会员第一书"即马克思撰写的《国际工人协会总委员会关于普法战争的第一篇宣言》;"国际工人联合会总委员会为普法战争告欧美各分会全体会员第二书"即马克思撰写的《国际工人协会总委员会关于普法战争的第二篇宣言》;"国际工人联合会总委员会为法兰西内战告欧美各分会全体会员书"即巴黎公社失败后的第二天(一八七一年五月三十日),马克思向国际工人协会总委员会宣读的《法兰西内战》;"马克思致顾格曼论巴黎公社的信"即马克思在一八七一年四月十七日写给路·顾格曼的信。马克思在信中对巴黎公社做出了高度评价,认为公社是"有伟大意义的历史实验,是世界无产阶级革命的某种进步,比几百条纲领和讨论更为重要的一种实验的步骤"。此外,书中还

出版前言

有编辑部和译者加的注。该版本曾多次重印。我们此次整理出版"回眸经典·马克思主义"系列丛书,并尽量保持其原汁原味,有利于读者更加深入地了解其在中国传播的演进过程,深刻理解中国共产党为推进马克思主义中国化、时代化进行的艰苦探索,为当代学术研究和理论学习提供更多文本支持。

为方便读者学习,在保持原书内容、当时的语言风格、词语的使用、词语的翻译和基本结构不变的前提下,我们对不太适合当今阅读习惯的部分字词进行了修订。如有不当之处,敬请批评指正。

张远航

二〇二四年三月于北京

目 录

恩格斯的引言 1

国际工人联合会总委员会为普法战争告欧美各分会全体会员
 第一书 16

国际工人联合会总委员会为普法战争告欧美各分会全体会员
 第二书 22

国际工人联合会总委员会为法兰西内战告欧美各分会全体
 会员书 32

马克思致顾格曼论巴黎公社的信 84

列宁在《马克思致顾格曼书信集》俄译本序文中论巴黎公社 89

恩格斯的引言

要求再版国际工人联合会总委员会所发表的关于《法兰西内战》的宣言，并要我给它做一篇引言，这是出于我意料的，所以我在这里只能很简短地把最重要的几点略说一下。

在上述较长的著作之前，我加上了总委员会为普法战争而作的两篇较短的宣言。我之所以这样做，首先，因为《内战》一书内曾引证到第二次的宣言，而第二次的宣言如不同第一次的宣言合并着看，又不是到处都能明白的。其次，因为这两篇同为马克思所写的宣言，不较《内战》一书为差地同是一种显著的模范，表现出作者正确把握伟大历史事变的性质、意义与其必要结果之惊人的天才（这种天才作者最初表现于《拿破伦①第三政变记》一书之中），而此等事变在当时或者是还在我们的眼前展开着，或者是不久才告终结的。最后，因为我们在德国直到现在还受累于马克思所预言的那些事变的恶果。

第一次宣言中说：假若德国反对拿破伦第三的防御战争蜕化为反对法兰西人民的掠夺战争的话，那末②德国将要重新遭受到（而且将更加厉害）它在所谓解放战争③之后所遭受的那些不幸，这话现在难道不是已经证实

---

① 现通译为拿破仑。下同。
② "那末"同"那么"。下同。
③ 拿破伦第一把德国底一部分领土割入法国，并使其余部分隶属于他。普鲁士领导德国各邦与俄皇联盟，向拿破伦第一作战（一八一三至一八一四年）。——编辑部注

了吗？不是我们受到了整个二十年的俾斯麦的统治吗？不是在这期间我们所获得的并非取缔政客的办法，而是用同样警察的专横、同样可恨的法律的曲解来压迫社会主义者的法律吗？

马克思的预言，说亚尔萨斯①与劳伦②的归并"会使法国投入俄罗斯的怀抱中"，③说在这归并之后，德国或是将公开变为俄国的奴仆，或是在短期的休息之后将准备开始新的战争，即开始"对于斯拉夫人与罗曼人的联合人种，进行人种战争"。这些话不是一个个字都证实了吗？德国的归并法国省份不是使法国投入了俄罗斯的怀抱中吗？俾斯麦不是在整个的二十年内劳而无功地寻求着沙皇的恩宠，并且他这样的投拜在"神圣的俄罗斯"前面，比它还没有变成"第一欧洲强国"之前的小小普鲁士平常所做的还要卑恭得多吗？战争的恐怖不是常常悬在我们的颈上吗？这战争的第一天，必将把一切世界强国的纸上的联合，烧成灰烬，这战争（除了它的结果之绝对不可知可以断定之外，其余还不能确定地说）必定是人种的战争，它必将把欧洲交给一千五百万或二千万武装的士兵去掠夺。但这战争直到现在之所以没有发生者，就是因为它的结果绝对不能预知，所以使最大的军事国家中之最有力者，也不能不发生危惧。

---

① 现通译为阿尔萨斯。下同。
② 现通译为洛林。下同。
③ 引自总委员会关于普法战争的第二次宣言。马克思预料到在亚尔萨斯、劳伦被合并之后法国一定渴望复仇，而且一定是在找求同盟者，第一就找沙皇制度的俄国。在一八七〇年九月一日，马克思写信给索尔格（Sorge），说：
"普鲁士的傻子们所看不见的，就是：现在的战争，不能避免地要引起德俄战争，正如一八六六年的战争必然引起普法战争一样。这是我从这次战争中为德国所期待的最好的结果。如果不与俄国同盟，不隶属于俄国，特殊的'普鲁士主义'就从没有存在过，也决不能存在。第二次这样的战争，将成为俄国的不可免的社会革命之助产妇。"——编辑部注

恩格斯的引言

所以将这些敏锐地证明一八七○年国际工人政策的远大眼光而大半已为人们所忘却的文件,重新刊印出来给德国的工人们知道,实是非常必要的。

我关于这两篇宣言所说的话,同样是可以应用于《法兰西内战》的。五月廿八日,公社的最后保护者在贝尔维尔被优势的敌人力量所消灭了。两天之后,五月卅日,马克思即在总委员会上面宣读他的著作,在这中间,他用简短的有力的几点判定巴黎公社的历史意义;他的话是如此的正确,如此的适当,使以后关于这问题的一切文献都望尘莫及。

从一九八九年起,法国经济的与政治的发展,使后来五十年内在巴黎发生的每次革命不能不参有无产阶级暴动的性质,拿它自己的鲜血做代价去得到胜利的无产阶级,当然在胜利之后要提出它自己的要求。这些要求,多少是不清楚的与模糊的,这每次要看巴黎工人的觉悟程度而定。但归根到底,这些要求的目的,是在于消灭工人与资本家的阶级的对抗。如何可以达到他们的目的,这是他们所不知道的。可是就是这些要求的本身,虽是它不十分确定,但已是对于现在社会制度的危险。提出这些要求的工人,是武装起来的。所以占有国家统治权的资产阶级的第一个任务,便是解除工人的武装。所以在每次用工人的手取得了革命的胜利品之后,随着即发生新的斗争,这斗争的终结,是工人的失败。

这事第一次发生于一八四八年。属于国会反对派的自由资产阶级大张筵席,其目的是要实现一种使他们政党可以得到统治地位的选举改良。对于政府的斗争,使他们不能不常常求助于民众,并且慢慢地将资产阶级与小资产阶级内激进的与共和主义的分子,提到前面来。可是在这些人的后面,却站着革命的工人,这些工人从一八三○年起已经得到了远比那些有产者甚至比那些共和党所设想的为多的政治独立性了。当政府与反对派的关系发生了危机之时工人们即开始了巷战。路易裴立伯①（Louis Philipe）消失了，选举的改革也跟着它消失了。代之而起的是共和国，而这共和国，胜利的工人们竟宣布它为"社会的"共和国。到底什么叫作社会的共和国，那谁也不知道，就是工人们自己也不知道。但他们现在已经武装起来了，他们已是国家的一种力量了。所以当政的资产阶级共和派当他们已经相当稳定之后，第一件事便是解除工人的武装。这工作在六月暴动中完成了。他们（指资产阶级共和派）的直接的食言、明显的侮辱以及流放一切失业工人到远方去的企图，逼使工人们不能不起来暴动。政府已经预先保证自己有极大优势的力量，所以工人们在经过五天英勇的抵抗之后，终于失败了。接着就开始了自从罗马帝国陷落前的国内战争以来所没有见过的大批赤手空拳的俘虏的被杀。资产阶级第一次做给人家看：当无产阶级敢于以单独的阶级的资格、以自己的要求起来反对它的时候，它将如何以疯狂般的残暴手段来对无产阶级复仇，但如把一八四八年来同一八七一年的暴行相比较，那还不过是儿戏而已。

可是，资产阶级不必很久地等待它所应得的处罚。如若无产阶级还不能管理法兰西，那资产阶级也已经不能，至少在那个时候，已经不能管理法兰西了，那时资产阶级的大多数都是保皇党的，其中分成三个皇朝的政党②，第四个才是共和党。它的内部的相互残杀，使冒险家拿破仑第三夺得了一切最主要的政权机关：军队、警察与行政机关。并且使他于一八五一

―――――――

① 现通译为路易·菲利普。下同。

② 法国的保皇党在那时分为三派：一派是"合法派"，拥护波旁底"合法的"王朝；一派是"奥利恩派"，拥护奥利恩王朝；一派是"拿破仑派"，拥护拿破仑第三。——编辑部注

恩格斯的引言

年十二月①推倒了资产阶级的最后柱石——国民会议。第二帝国②成立了，这是少数政治的与财政的冒险家对于法兰西的剥削。但同时，工业发展的迅速，是在路易裴立伯的残暴的与怯懦的制度下，在大资产阶级中的一小部分绝对统治的时代所梦想不到的。拿破伦第三在保护资产阶级不受工人的侵犯与保护工人不受资产阶级的侵犯的借口之下，取消了资本家的政权；可是它的统治，却助长了投机事业与工业的发展，一言以蔽之，助长了直到现在没有见过的全部资产阶级的富庶与繁荣。它更厉害地助长了卖官鬻爵与大批贪吝，做这些行为的人，团集于皇帝宫廷的周围，他们从这种富庶上得到极大的利息。

但第二帝国是对于法兰西国家主义的号召；也就是扩张到一八一四年所失去的第一帝国边疆，至少是第一共和国边疆的要求。法兰西帝国，不能永处于旧皇国的疆界之内，更不能永处于一八一五年更狭窄的疆界之内，因此就不时发生了战争与扩大国界的必要。最吸引法兰西国家主义幻想的地方，就是德意志的莱茵河左岸。在国家主义者的眼中，莱茵河上的一平方英里，较之亚尔卑山③或其他的地方的十平方英里，还要贵重得多。在第二帝国之下，归还莱茵河左岸（一下子或是分次地）的要求实不过是时间的问题罢了。这个时间，在一八六六年普奥战争④之后，是已经

---

① 法兰西共和国大总统拿破伦第三于一八五一年十二月二日举行政变，解散国民会议，一年之后，自立为法国皇帝。参看马克思所著《拿破伦第三政变记》一书。——编辑部注

② 法国在拿破伦第三（一八二五——一八七〇年）统治的时期，称为"第二帝国"，以别于拿破伦第一（一八〇四——一八一四年）底"第一帝国"。——编辑部注

③ 现通译为阿尔卑斯山。

④ 普奥战争是俾斯麦所谋划的，为的是排除普鲁士在统一德意志时的老敌手——奥地利。普鲁士在这次战争中战胜了奥地利，因而保证它在（转下页）

5

到来了。被俾斯麦所欺骗并被他自己的狡猾但犹豫的政策所欺骗的拿破仑，在等待着"土地报价"之际，便自然只有出之于战争之一法。这一在一八七〇年爆发的战争，遭到了西丹的大败①与威尔海姆斯罕②的被囚。

失败的必然的结果，是一八七〇年九月四日的巴黎革命。帝国如纸制的房子一样倾覆下来。法兰西又重新宣布为共和国了。但在城门前站着的是敌人。皇帝的军队，一部分被围困在美次③，没有放出的希望；一部分则当了德意志的俘虏。因为情形如此紧急，所以人民允许旧法国中的巴黎的议员自己组织"国防政府"。他们当然很快就答应了，因为那时一切能负险作战的巴黎人，为了防御的目的完全武装起来，充当国民军，工人就在国民军中占据了多数。但不久以后，差不多全由有产者组成的政府与武装的无产阶级之间的矛盾，就表露出来了。十月三十一日，工人武装队伍占领了市政厅，并逮捕了几个政府的委员。政府的叛变与失信以及几个小资产阶级武装队伍的干涉，使被捕者得到了释放，为要免除在被敌所围的城市内爆发内战，还是给旧政府留下了权力。

最后为饥饿所迫的巴黎，于一八七一年正月二十八日出降了，但它的出降条件，在军事史上真是空前高贵的。炮台是交出了，大炮从炮台上卸下来了，兵团与别动队④被解除了武装，并且他们宣布了自己为军事的俘

（接上页）德意志统一中的盟主地位。拿破仑第三在普法战争中保持中立，因为他希望得到德意志诸邦底领土之一部作为他保持中立的报酬；这是俾斯麦所答应的。——编辑部注

① 一八七〇年九月二日，法国皇帝所统率的法国军队底主要部分，在色当（Sedan）（法国东北部的一个市镇）向普鲁士军投降。——编辑部注

② 现通译为威廉堡。

③ 现通译为梅斯。下同。

④ 别动队是拿破仑第三在一八六八年所创立的预备军，以备在战争时保卫城市之用。——编辑部注

房。但国民军还是保留着枪械与大炮。它只是出来同胜利者议和。胜利者并不敢奏着凯旋曲进入巴黎,他们只是占据了一个小小的城角,其中一部分只包括公家的公园,而且就在这里,他们也不过占据了几天工夫!围困巴黎至一百三十一日之久的他们,在这短短时期之内,反为武装的巴黎工人所包围。这些工人时刻注视着,不使一个"普鲁士人"跨过他们所允许给胜利者的一角之狭窄的边界。巴黎的工人竟使那些令法兰西帝国全部军队放下武器的普鲁士的军队对自己表示如何的尊敬呵!跑到这里来想同革命的柱石算账的普鲁士的士官们,在这武装革命的前面,却不能不恭敬地伫立起来,而不能不对之举行敬礼!

在战争期内,巴黎的工人只限于有力地坚持着斗争的要求。可是当巴黎被交出,订立了和平条约之后,新政府的首领梯亥尔①便不能不认清,巴黎的工人武装着一天,有产阶级——大地主与资本家——的统治就一天要受到危险。所以他的第一件事情,便是企图解除他们的武装。三月十八日他派了野战联队去夺取国民军的大炮(这些大炮是巴黎被围时所造而预约由公家付钱的),但这一企图没有达到目的,整个巴黎都拿起了武器,实行自卫,巴黎与逃徙凡尔赛的法兰西政府之内战,就此开始了。三月二十六日选举了公社,三月二十八日巴黎公社正式宣布成立了。一直到现在,国民军中央委员会拿了政权,并且已经颁布了消灭丑恶"道德警察"之命令,这中央委员会把它的全权交给了公社。三月卅日公社取消了募兵制与常备军,宣布国民军为唯一武装的力量,这国民军是包括一切能荷枪作战的公民的。公社废除了从一八七〇年十月至一八七一年四月的房租,将已付的租金作为将来应付房租之用。它更制止了抵押于城市当铺内

---

① 现通译为梯也尔。下同。

的物件的拍卖。同日，批准了当选于公社的外国人为公社委员，因为"公社的旗帜，是世界共和国的旗帜"。四月一日决定公社办事人员以及公社委员的薪水，不得超过六千法郎。次日宣布了教会与国家的分离，取消了国家对于宗教事务的费用，把一切教会的财产转为国家的财产。四月八日更通令把宗教象征、标本、教条与祷告等——总而言之，即把"一切有关个人良心的东西"从学校中驱逐出去，这一通令就逐渐被实行了。凡尔赛军队每天枪杀他们所捕去的公社的拥护者。所以在四月五日就颁布了命令扣留抵押者，可是这一命令是从没有被执行的。四月六日在群众的狂欢之下，国民军的第一百三十七营拖出断头台，把它当众烧毁。四月十五日决定破毁在一八〇九年战争后拿破仑用敌人的炮铸成的，并被视为民族侵略主义与民族仇恨的象征的凡东场上的凯旋柱。五月十六日实行了这一决议。四月十六日，公社命令登记一切为工厂主所抛弃的工厂，制订了将它们交给工厂工人合作社去管理并将这些合作社合并为一个总社的计划。四月二十日取消了面包工人的夜工，消灭了工作介绍所（自第二帝国以来，这是警察所指定的对于工人的头等剥削者的专利）。工作的介绍，现在由巴黎二十个市区①的市长管理。四月三十日取消了借贷处，这种借贷处是私人剥削劳动者的工具，是危及工人对于劳动工具、对于取得信用的权利的。五月五日决定拆毁为被杀的路易十六②赎罪而建立的小教堂。这样从三月十八日起，巴黎运动的纯粹的阶级性质便尖锐地表现出来了，这种性质，一直到现在都是被对于外敌的斗争所掩盖着的。公社的成分，差不多

---

① 为市政管理之便，巴黎分为若干市区，各市区有一市区长，为该区之首领。——编辑部注

② 路易十六在第一次法国资产阶级革命时被处死刑（一七九三年一月二十一日）。——编辑部注

都是工人与公认的工人阶级的代表,所以它的决议,也都分明地表示出坚决的无产阶级的性质。公社或是颁布了共和主义资产阶级仅仅由于怯懦而不敢实行的,但对于工人阶级的自由活动却是基本条件的那些改革(例如对于国家,宗教只是私事的原则的实现),或是颁布了直接关系工人阶级利益的并且在相当程度内深刻刺入现社会制度的那些决定。但在被围的城市中,这些决定只能做到第一步,从五月初起,公社就已经用所有一切力量去和数量上日益增加的凡尔赛政府的军队进行斗争。

四月七日,凡尔赛人夺取了巴黎西部战线上赛垃河① 旁纳依(Neuilly)渡口,但四月十一日他们向南线进攻时,就被爱特(Eudes)将军打败了,而且使他们受到极大损失,那些如圣者一般诅咒普鲁士人炮击巴黎的人,现在他们自己也不断地炮击巴黎了。这些人,现在要求普鲁士政府快些归还在西丹与美次所俘的法兰西兵士,以便他们可以因其帮助来夺取巴黎。这些军队的逐渐归还,使凡尔赛人自五月初起占了决定性的优势。这在四月二十三日已可清楚看到了,当时梯亥尔已经停止和公社所进行的谈判(这一谈判原来因公社建议开始的,其目的,是把在巴黎拘押的巴黎主教与其他很多教士去和二次当选为公社委员当时还被监禁在克里尔华②(Clairveaux)的勃朗基③(Blanqui)对换),这在梯亥尔演说口气的改变中,更明白地表现出来:向来讲话很谨慎、含糊的他,现在忽然变成大胆的、粗暴的与威吓的了。五月三日凡尔赛人占据了南部阵线的茅林萨葵(Moulin Saquet)的高墩,九日占据了被大炮轰毁了的依西(Issy)炮台,十四日占据了万维斯(Vanves)。在西部战线上,他们在占据了很多乡村

---

① 现通译为塞纳河。下同。
② 现通译为克莱尔沃。
③ 现通译为布朗基。

与建筑物并延伸到了城墙脚下之后,就渐渐进攻到最主要的防线了。五月二十一日由于叛变、由于那里国民军的不谨慎的结果,他们闯进了城市。占据北部与东部炮台的普鲁士人,让凡尔赛人通过那些依照和议条件他们所不能通过的区域去攻击城市的北部,以致他们能从防备较弱的很长战线上(在那里,根据议和条件,巴黎人认为是能够保证不受侵犯的)实行进攻。这就说明,为什么巴黎西部以及在城市的富有区域,抵抗是比较薄弱的。这种抵抗,当敌军愈是接近城市东半部,愈是接近工人区时,就愈是变成有力与顽强了。只在经过十八天的斗争之后,公社的最后拥护者才在贝尔维尔及米尼尔蒙当特(Menilmontant)的高处倒地了,那时赤手空拳的男子、妇人与小孩之横遭残杀达到了极高度。这种残杀,以更大的残酷来进行,并且持续了整个的星期。用新式枪械来杀人还不够快,结果更用榴弹炮去整千整万地屠杀被征服者。贝尔拉希斯(Perelachaise)坟地上的公社社员的城墙,至今还屹然长存,在那里曾施行了最后的大批的残杀,这一城墙是垭口的同时又是很多表示的证人,说明当无产阶级敢于出来保护自己权利之时,统治阶级是会进行如何疯狂的屠杀,于是开始了大批的逮捕,因为不能将所有被捕者完全杀掉,所以从其中任意抽出好些牺牲者拿来枪毙,其余的则关在一个大营房中,等待军事法庭的审判。从东北围困巴黎的普鲁士军队,得到了不准放掉一个逃亡者的命令,但当兵士们服从他们的人道的感觉较甚于服从他们的长官之时,他们也只能装作不知而已。特别表示出自己人道行为的,是萨克逊军团,他曾经放走了很多分明的公社的拥护者。

如若现在,在二十年之后,回顾一下巴黎公社的活动与历史意义,那我们就可看到《内战》的叙述,还需要有相当的补充。

公社社员共分两部:大多数为勃朗基主义者,在国民军中央委员会中

恩格斯的引言

间占统治地位；少数为国际工人联合会会员，可是主要是蒲鲁东的信从者。那时，勃朗基主义者之所以是社会主义者，大部分只是根据他们的革命无产阶级的本能，其中只有很少几个靠着那位知道德国科学社会主义的凡兰[①]（Vaillant）的帮助，才得到对于基本原则的比较明白的了解。这就说明为什么在经济方面忽略了很多我们现在看来所必须要做的工作。尤其使我们不能了解的，是公社对于法兰西银行的宽大态度，这也是非常重大的政治的错误。把银行拿到公社手中，这比一万个抵押者都还有更大的意义，这将会使法国的资产阶级，对凡尔赛政府施用压力要它来同公社议和吧。但是，尤其令人注意的，就是虽然公社是由勃朗基主义者与蒲鲁东主义者组成，但它的行动却常常是完全正确的。很明显的，对于公社的经济方面的训令，不论是其优点或是缺点，负责的人，首先是蒲鲁东主义者。对于政治的行动与缺陷，负责的人，是勃朗基主义者。像经常所发生的，当政权落到信条主义者手内时，他们的某些行动却正会同他们学派的信条上所写的完全相反，这真是历史的讽刺。

蒲鲁东——这个小农与小手工业者的社会主义者，对于组合是痛恨的。他说，组合的中间，不好的地方超过好的地方，组合在其本质上是没有效果的，它甚至是有害的，因为它是束缚工人自由的锁链，是空洞的信条，是无用的、繁重的，不但违反工人的自由，而且，也是违反节省劳动的原则的；它的缺点比它的优点发展得快；同组合相反，竞争、分工、私有财产却是经济的力量。组合只有在大工业与企业中，如像铁路中，才可以应用；但这样的蒲鲁东的意见，不过是特殊的场合而已。[参看他的著作《革命的一般见解》（*Idee generale de la Revolution*），第三版]

---

① 现通译为瓦扬。

在一八七一年,就是在奢侈品手工业生产中心的巴黎,大工业也已经不是稀有的现象了。公社最重要的命令即要求把这种大工业以至把手工业组织起来,这种组织不但依据于每一工厂的工人组合,并且还依据于联合所有这些联合为一个大联合。

这样的组织,像马克思在《内战》中所正确地说明的,必然会达到共产主义,达到与蒲鲁东主义直接相反的一面。这就是为什么我们说公社是蒲鲁东的社会主义学派的坟墓。这学派,现在在法兰西工人中间已经消失了;不论在"可能派"① 中间,或是在"马克思主义者"中间,马克思的学说都占统治地位。蒲鲁东主义者只有在"激进的"有产者中间还可以遇到。

勃朗基主义者的遭遇,也并不比较好些。向来就受教于阴谋派学校,惯于服从阴谋的严厉纪律的他们,以为用比较少数的勇敢的、很有组织的人,在某种顺利的条件之下,就不仅可以夺得政权,并且用极大的努力来干,还能够保持政权,直至把民众吸引到革命方面来,把他们环绕于少数领袖的四周为止。为了这个目的,首先必须把全部政权掌握在新的革命政府手中,成为最严格的专政。勃朗基主义者占据大多数的公社,做了些什么呢?它对法兰西各省发表了宣言,其中号召人民,将一切公社同巴黎联合为一个自由的联邦,为一个真正的国民第一次自己造成的国家组织。常备军、政治警察、官僚,一切这些为一八七九年拿破伦所造成的旧的集中政府

---

① 法国工党在一八八二年爱田(Etienne)大会时分裂为两派,一派拥护勃洛塞(Brousse)(可能派,是出自"可能"这个名词,即是指顺应"可能性"的人们);一派拥护盖德(Guesde)(马克思主义者)。机会主义派——可能派或勃洛塞派——为获取选举的胜利而否认党纲,他们的煽动只限于"可能实现"的要求;他们进行反对党的纪律之斗争,要求地方党部对于选举纲领底问题,对于与其他政党联合的策略都有自主权。——编辑部注

恩格斯的引言

的压迫权力,从那时以来,都为每一新政府用来反对它的敌人的便利的工具,——这种权力,应该到处被消灭,如像它在巴黎被消灭一样。

公社不得不从最初就承认,获得政权的工人阶级,不能利用旧的国家机关来进行统治;如若工人阶级不愿意失去它刚获得的政权,则它应该:一方面取消全部旧的,直到现在用来反对它自己的那种压迫机器;第二,保证它自己不受它自己雇员与全权代表的危险,宣布他们在任何时候都可以被调动与撤换。

一直到现在,国家的特征在哪里呢?最初社会用简单的分工的办法,替自己建立特殊的机关来保护自己的利益,经过了相当长的时期,这些为他们特殊利益服务的机关(其中主要的是国家政权)从社会的仆人变成社会的主人了。这不但在世袭的君主政体内,在民主的共和国内,也是如此的。在世界上没有一个地方像美国那样,"政治家"成为国家的如此特殊、如此有力的部分,那里两大政党[①]互相更迭的占着统治的交椅,这种政党里面的管理者,又是那些把政治当作谋利事业的人,他们拿合众国国会或是各州州议会的议席当作投机事业,或是以替本党煽动为生活,在本党胜利之后则得到相当职位的报酬。大家都知道,在最近三十年来,美国人为了推翻这种令人不能忍耐的桎梏,不知道花了多少气力,然而,他们都还是一天一天跑到卖官鬻爵的泥坑中去。正是美国可以最明显地看出,这国家政权如何从社会的工具变成了特出于社会的机关。那里没有皇朝,没有贵族,没有常备军(除了几个监视印第安人的兵士之外),没有那种拥有固定位置与领取养老金权利的官僚。然而我们可以看到两派政治的投机家,如何轮换地占据政权,用最肮脏的方法,为最卑鄙的目的来运用这一

---

① 共和党与民主党。在早先时期,民主党是代表地主的南部底利益,共和党是代表工人的北部底利益。现在,这两党都是金融资本底代表。——编辑部注

政权。——而全国国民，则无力起来反对这两大政客的联合，这些人表面上是给国民服务，实际上却是剥削他们与统治他们的。

　　为了反对这种国家机关从社会的仆人变成为社会的主人（这种转变，在一切直到现在所有的国家中必然要发生），公社采取了两个不错的办法：第一，一切职务，行政官、法官、教员，都任命总选举所选出的人去担任，同时确定了根据选举人决议随时可以撤换被选举人的权利；第二，一切公社的办事人，不论是上层的还是下层的，都只得到其他工人所得到的薪额。公社一般所付的最高薪俸，只有六千法郎。这样，就是没有公社给予代表机关的代表之确定证书（公社是格外地引用了这种证书的），公社也已向争权夺位、钻营私利的行为筑下了有效的障碍物了。

　　在《内战》第三章，很详细地叙述了这种旧的国家政权的摧毁与新的、真正民主的政权代之而兴。我们以为在这里有简略地挑出这种过程的几个要点来说一下的必要，因为在德国，对于国家的盲目崇拜，已经从哲学转为资产阶级的甚至许多工人的共同意识了。根据德国哲学的学说，国家是"观念的实现"，或是翻译为哲学语句的话，是"上帝在地上的统治"，在这领域上似乎实现着或是应该实现出永久的真理与正义。从这上面，就产生对于国家，与对于一切有关国家的事物的盲目的尊敬。而且因为人们从出世以后，即习惯于那种思想，以为全社会的共同的事业与利益，如不用以前的方法，即不经过国家与其高俸厚禄的官吏之助，就不能实现与遵守，正由于如此，所以对于国家的尊敬，就更容易深入脑中了。

　　人们设想着，如果他们脱离对于世袭君主政权的信仰而开始成为民主共和国的拥护者时，他们将实行非常勇敢的行动。实际上国家不过是一个阶级压迫另一阶级的机器；这在民主共和国，并不比较君主国为差。国家最好也不过是在争取阶级统治的斗争中得到胜利的无产阶级所承受到的不良之物罢了，胜利的无产阶级，根据巴黎公社的前例，必须要尽可能迅速地消灭这不良之物的最坏方面，直至在新的自由的社会制度中成长起来的后代，最有力量把这国家机关的垃圾抛弃的时候。

近来德国社会民主主义的庸人[①]，又开始在"无产阶级专政"几个字的前面体验到最大的恐怖了。亲爱的先生们，你们愿意知道专政是什么样子吗？请看巴黎公社吧。这就是无产阶级的专政。

一八九一年三月十八日巴黎公社二十周年纪念，作于伦敦。

[①] 在一九三二年以前所出版的各种版本中，原文都有"德国的庸人"这几个字。这是伪造的。莫斯科的马克思、恩格斯、列宁研究院所保有的恩格斯的原稿，所写的是"社会民主主义的庸人"。"社会民主主义的"这几个字后来被划去，而把"德国的"这几个字加进去，涂改的笔迹不是恩格斯的，而是不知何人的笔迹。——编辑部注

国际工人联合会总委员会为普法战争告欧美各分会全体会员第一书

在一八六四年十一月我们联合会的成立宣言上，我们说过："如若工人阶级的解放，要求有工人的兄弟团结及共同合作，那末当对外政策追求着犯罪的目的，玩弄着民族的成见，并且在掠夺的战争中摧残民众的鲜血与财产之时，工人阶级如何能完成这伟大的使命呢？"我们当时用下列几句话说出国际所要达到的对外政策："私人在相互关系上所应遵守的简单的道德与正义的法则，应成为各国相互关系上的支配规律。"

那个利用法兰西内部阶级斗争而篡得自己政权，并利用许多对外战争来延长自己政权的拿破仑第三，一开始就把国际当作最危险的敌人来看待，这实是不足为怪的。在国民投票①的前夜，他在巴黎、里昂、路安、马赛、勃雷斯脱，总之在全法国，都向国际工人联合会执行委员会的委员举行进攻，②说因为国际是一个秘密的团体，并且说，它准备着一种以杀死他为目的之阴谋。这种虚构之无稽，不久就被他自己的法官所指破了。究竟国际的法国支部的真正罪恶在哪里？它的罪恶就是在它公开地向法兰西

---

① 拿破仑第三为要巩固他的帝国并破坏共和主义在国内的煽动，就安排举行"国民投票"。在一八七〇年五月八日，全国要对政府底某些自由主义的改良与宪法的修改表示态度。赞成新宪法，因而赞成帝国的有7358786票，反对的有1571939票，弃权的有1894681票。——编辑部注

② 这是指在帝制之下对国际工人联合会的第三次的法庭起诉。——编辑部注

民众说：赞成"国民投票"，就是等于赞成国内的专制与对外的战争。事实上，他们的工作，就是在于使得法国的工人阶级，像一个人一样，在法国一切大都市与一切工业中心起来反对国民投票。不幸，因为乡村区域的深刻的无知，工人阶级的呼声是被压倒下去了。交易所、列强的内阁、统治阶级以及差不多一切欧洲的报纸，都庆祝国民投票的胜利，以为这是法兰西皇帝对于法兰西工人阶级的绝大的胜利；可是实际上，国民投票不是绞杀某一个人，而是绞杀全体国民的信号。

一八七〇年七月的军事冒险①只是一八五一年十二月国家政变的修正版，初看起来，事情是如此的荒谬，以至法国不愿意相信关于战争的谣传之严重性。大家却更相信那些认为总长的挑战的演说实不过是交易所把戏的议员们。最后，当七月十五日，关于战争的事情，已正式向立法团声明时，全部反对派都拒绝批准初步的用费；梯亥尔自己还诅咒战争，以为这是"下流的"事；一切独立的巴黎的报纸都斥责这战争，而且很离奇的，即各省的报纸也差不多完全是同它们一致的。

同时国际在巴黎的会员重新开始工作了。在"里衣尔"（Reveil）上，他们于七月十二日公布了"给全世界工人"的宣言，其中说：

"政治的自大，在保护民族尊严与欧洲均势的借口之下又威胁到整个的和平了。德意志的与西班牙的工人们！联合你们的呼声为一个总的反对战争的怒吼吧。……为着霸权问题而起的战争，或者，为着某一皇朝的利益而发生的战争，在工人们眼中，不是别的，只是犯罪的愚蠢而已。我们，需要和平工作与自由的我们，大声地抗议那些能在血的赋税（指兵役）中赎出自己的人们之挑战喊声，那些以社会的不幸为新的投机事业源

---

① 德法战争开始于一八七〇年七月十九日。——编辑部注

泉的人们之挑战哭声！……我们的德意志的弟兄们！我们中间、法兰西工人与德意志工人中间互相仇恨，其唯一结果，只能使莱茵河两岸的专制政权完全胜利……全世界的工人们！不论在当前这一时期内我们共同努力的结果如何，我们，国际工人联合会的会员（对于他们，任何国家的界限是没有的），我们从法国工人方面向你们致以诚恳的愿望与敬礼，以作不可分离的团结的保证。"

在我们巴黎支部的宣言之后，接着，发现很多的法兰西的宣言。我们现在只能引用其中之一。这乃是属于赛垃河畔纳衣支部的宣言，公布于七月二十二日《马赛》报上。其中说："这一战争是公平的吗？不！这是民族的战争吗？不！这完全是皇朝的战争。为了正义，为了民主，为了法兰西的真正利益，我们完全，而且用尽全力赞助国际对于战争的抗议。"

这些抗议表示出法兰西工人的真正感觉，这不久在一次有趣的事件内，就明显地表现出来了。当"十二月十日社"（这社是在拿破仑第三就总统职时组织的）的一伙改穿了工人的蓝衫，跑到街道上，想利用红人的战争的跳舞煽起战争的狂热之时，——市郊的真正工人却以盛大的拥护和平的示威来回答他们，以致警长彼德立不得不认为必须立即禁止以后街道上的任何示威游行，其借口是：尽忠的法兰西人民，已经足够表现了他们的久已怀抱了的爱国主义，并且已经为他们自己无穷尽的热情找得了出路。

不论拿破仑第三与普鲁士的战争如何结束，第二帝国的丧钟是已经在巴黎鸣着了，第二帝国的终结，正像它的开始一样：是可怜的模仿的滑稽剧。但是不应忘记，正是欧洲的许多政府与统治阶级使拿破仑第三能在十八年内有扮演帝国复辟的残酷的滑稽剧之可能。

对于德意志方面，这战争是防御的战争①。但是谁使德国陷入于必须防御的状况中去的呢？谁使拿破仑第三有向德意志进行战争的可能呢？普鲁士同拿破仑第三玩弄阴谋的，不是别人，正是俾斯麦，他想以此来镇压普鲁士内部的民主的反对派，使德意志牢牢地固定在何亨佐亲皇朝的手里。如若萨多渥（Sadowo）一役②没有获胜而遭受失败，那末法国的军队，将会以普鲁士同盟者的资格满布于德意志。难道普鲁士在得胜之后，会有一分钟想到将自由的德意志去和被奴役的法兰西相对抗吗？恰正相反！它拼命保持了自己旧制度的一切陈腐的妙处，并且为补充起见还向第二帝国学来它的一切诡计，如像它的实际的专制与假装的民主，它的政治上的欺诈与财政上的窃盗，它的漂亮的言论与最下流的行为。在此以前，只在莱茵河左岸繁荣着的拿破仑主义的统治，此时，在莱茵河右岸也找到它的配偶了。在这种情形之下，除了战争，还能等待到什么呢？

如若德国的工人阶级，容许这一战争失去其纯粹防御的性质，而蜕化为反对法兰西民众的战争，那不论是胜利，不论是失败，都同样是毁灭之路。德国在所谓解放战争之后所遭受的一切不幸，将更残酷地重新加到它

---

① 在德国这方面，战争是自卫战争。因为拿破仑主义的法国，是要使德国分裂，阻止德国的统一（民族的统一问题会是德国资产阶级革命底一个基本问题）。所以，德国反抗拿破仑的法国从事战争，是自卫的性质。马克思与恩格斯一方面说战争在德国方面是自卫的性质，同时要求德国工人政党应该：（一）把德国民族的利益与普鲁士王朝的利益很明确地分开来；（二）反对亚尔萨斯、劳伦之吞并；（三）巴黎一被共和主义的非民族侵略主义的政府握到政权，便立即应当讲和；（四）不停地郑重主张德国与法国的工人团结起来（他们都不赞成战争，他们相互间也没有什么争端）。——编辑部注

② 一八六六年七月三日萨多渥（Sadowo，在波希米亚）之役，在普奥战争中起了决定性的作用。普鲁士战胜了奥地利之后，奥地利就被排出于德意志联邦之外，俾斯麦底德国统一计划底主要部分就告完成了（北德联邦的建立）。——编辑部注

的身上。

可是国际的原则，在德意志工人阶级中间已是如此的广布、如此的深入，使我们不必恐惧如此悲惨的结果。法国工人们的呼声，已在德意志找到了它的回响。七月十六日在勃朗希唯格（Brunswick）召集的盛大工人大会宣称它完全同意巴黎的宣言，很坚决地拒绝任何对法兰西表示民族仇恨的思想，并且在通过的决议中说："我们是一切战争，首先是皇朝战争①的敌人……我们带着深刻的悲哀与痛苦，看到自己不能不参加这个防御的战争，如像参加不可免的恶事一样；但我们同样号召德国的整个工人阶级要努力使如此可怕的社会的不幸再不能重复，同时为民众取得自己解决那战争与和平问题的权力，这样使民众成为它自己命运的主人翁。"在五万萨克逊工人的全权代表的开姆尼茨（Chemnitz）大会上，一致通过了如下的决议："以一般的德国民主主义者的名义，特别是以社会民主党的工人的名义，我们宣布，现在的战争，完全是皇朝战争……我们很快乐地握住法国工人们伸给我们的兄弟的手……记住国际工人联合会的口号：'一切国家的无产者，联合起来呵！'我们永不会忘记全世界的工人是我们的朋友，全世界的专制魔王是我们的敌人。"

国际的柏林支部，同样的回答巴黎的宣言道："我们以十二分诚意拥护你们的抗议……我们敢立下伟大的誓言，任何军号的响声，任何大炮的轰击，任何胜利，任何失败，都不能使我们抛弃我们的共同事业——全世界工人联合的事业。"

在这自相残杀的斗争的幕后，呈现出俄罗斯的凶相。正当俄国政府完成了对于它有重要战略意义的铁路并向普鲁士方向集中了军队之时，发出

---

① 在法国这一方面，普法战争是王朝的战争。拿破仑第三希望对外作战胜利去挽救拿破仑帝国的崩溃。——编辑部注

当前战争的信号——这是很坏的征兆。虽然德国人在反对拿破仑进攻的防御战争中有全权获得同情，但是只要他们容许普鲁士政府请求哥萨克的帮助或只是接受这种帮助，那末他们便立刻要失去这种同情。让他们好好记着德意志在它反对拿破仑第一的独立战争之后几十年内都是无助地匍匐于沙皇脚下的这件事吧。①

英国工人阶级，兄弟般的将他们的手伸给法国的工人，正如他们伸给德国的工人一样。他们相信，不论现在的可憎的战争如何终结，全世界工人的联合，最后是要根绝一切战争的。在官场的法兰西与官场的德意志进行自相残杀的搏斗时，工人们却相互致送和平与友爱的盛词。只是这一件在历史上无与伦比的事实已经展开着对于更光明的将来之希望。这事实指出，与经济贫穷、政治荒谬的旧社会相反的新社会，是在诞生着了，这新社会的国际原则就是和平，因为在一切民族中，将只有一个同样的统治原则——劳动。

这新社会的预告者，是国际工人联合会。

一八七〇年七月二十三日伦敦。

---

① 德国与沙皇的俄国联盟，而向拿破仑第一作战。在打败了拿破仑第一之后（一八一四年至一八一五年）创立了"神圣同盟"，由于"神圣同盟"俄国在国际政治上获得巨大的影响，而开始扮演"欧洲的宪兵"底角色。普鲁士呢，如马克思所说，变成为"欧洲诸国马车之第五个车轮"（马车只有四个车轮，第五个车轮就是无用的东西——译者）。——编辑部注

国际工人联合会总委员会为普法战争告欧美各分会全体会员第二书

在我们七月二十三日的第一宣言中,我们说过:"第二帝国的丧钟是已经在巴黎鸣着了。第二帝国的终结,正像它的开始一样:是可怜的模仿的滑稽剧。但是不应忘记,正是欧洲的许多政府与统治阶级使拿破伦第三能在十八年内有扮演帝国复辟的残酷滑稽剧之可能。"

这样,在军事行动开始以前,我们已把拿破伦主义的肥皂泡看作是过去之事了。

我们对于第二帝国的生活能力的问题,是没有陷入迷阵的。我们对于在德意志方面"战争曾失去它的纯粹防御的性质而蜕化为反对法兰西民众的战争"的危惧,也是没有错误的。在拿破伦第三出降,西丹投诚,并在巴黎宣布共和国的时候,防御的战争真的是已经终结了。但远在这些事件以前时,当拿破伦第三的军国主义的完全腐败已经显露出来时,普鲁士军事当局已决定把战争变为掠夺的战争了。固然,威廉王自己在战争开始时的宣言,对于这些老爷们是不爽快的障碍物。在他对北德意志国会所作的即位演说中,威廉庄严地说,他之进行战争只是反对法国的皇帝,而不是反对法国的民众。八月十一日,他对法国国民发表了宣言,其中说:

"法王拿破伦在海上与陆上都向德意志国家进攻,而德意志国家在从前和现在都是愿意同法兰西人民和平共居的,我担负起指挥德国军队的职责,为的是抵御他的进攻,而战事的过程却使我超越了法国疆界。"在威廉声明了他担负起指挥德国军队的职责"为的是抵御进攻"之后,他自己还不满意，他为着更加证实"战争的纯粹防御的性质"起见，更增加着说，只是因为"战事的过程"使他"超越了法国的疆界"。防御的战争，当然是并不排除"军事的过程"所决定的进攻行动的。

这位"仁慈"的皇帝就这样庄严地在法兰西与全世界的前面被允许举行纯粹防御的战争。如何使他能从这种庄严的允许中解放出来呢？这幕滑稽剧的导演者必须设法把事情描写成那样。似乎威廉之睽离德意志人民的坚持要求，是出于不得已的。为了这个目的，他们立刻将暗号给予德国自由资产阶级，其中包括教授与资本家、议员与新闻记者。这一资产阶级，在一八四六年——一八七一年为公民自由而斗争的时候，表示出空前的怯懦、不坚决与无能力，现在看到要在欧洲舞台上演出德意志爱国主义的台柱的角色，当然感动得了不得。它（普鲁士自由资产阶级——译者）戴着公民独立的假面具，为的是装出似乎它强迫着普鲁士政府……去实行这一政府自身的秘密计划。它埋怨自己为何长久地、差不多是宗教般地信仰拿破仑第三之神圣不可侵犯，所以大声地要求法兰西共和国的分裂。我们现在拿一分钟时间来研究一下这些"爱国主义"武士们所散播的华丽的见解吧。

他们不敢断定亚尔萨斯与劳伦的人民是渴望着德意志的怀抱。却正相反，为着要惩罚史德拉斯堡对于法兰西的爱国心，"德意志的"开花弹曾经徒然地、野蛮地（因为在军事上说重要的不是城市而是独立分布的堡塞）向该城轰击了六天，打死了很多赤手空拳的居民。还说这些省份的土地似乎在很久很久以前就是属于德意志帝国的！如若拿这理由做根据，那末难道不要把这地方的全部土地及人民充公作为德意志的自古已有的私有

原书注：九月二日色当之役，法军大败，法国皇帝被俘。九月四日，法国宣布共和，而所谓"国防政府"就成立了。——编辑部注

财产吗？你们知道，如若依照古代历史爱好者的称心的意思来恢复欧洲的旧日版图，那无论如何不能忘记，从前勃兰德堡侯爷曾经以普鲁士王侯的资格充当过波兰共和国的属下。

但是巧妙的爱国之士，要求把亚尔萨斯与劳伦的德人部分作为反对法国进攻的"物质的保障"。因为这种可鄙的借口，在许多思想薄弱者的头脑中种下了纷乱，所以我们以为比较详细地来研究这一点，实是我们的责任。

无疑的，亚尔萨斯与其莱茵河对岸的一般地形，以及差不多正在巴塞尔与盖尔曼依斯姆半途上的史德拉斯堡那样大的炮台的存在很容易使法兰西侵入南德意志，而南德意志却因为这原因在某种程度上很难侵入法兰西。更无疑地，亚尔萨斯与说德语的劳伦之归并于德国，会强大地巩固南德意志的边界，那时，它将能够控制华格斯山整个山脉，占取屏障北方出口的炮台。如若美再次被并入那法国立刻就会失去反对德国的两大军事据点，虽然这还并不能阻止它再在内西（Nansy）与凡尔登建设新的炮台。德国有高伯莱茨（Koblentz）、曼茨（Mainz）、格梅斯海姆（Cetmersheim）、拉斯塔特（Rastatt）与乌尔姆（Ulm），这些都是专用来反对法兰西的军事据点。德国在最近一次战争内，很好地利用了它们。那它还有什么丝毫权利嫉妒在这一区域只有两个重要炮台（美茨与史德拉斯堡）的法国呢？

此外，只有在南德意志与北德意志分散的时候，史德拉斯堡才能危害于南德意志，从一七九二年到一七九五年，南德意志从没有一次因为普鲁士曾参加了反对法兰西革命的战争而从这方面受到攻击。但当普鲁士于一七九五年订立了单独的和约不再顾及南德意志的时候，对于南德意志的攻击就开始了，并且一直持续到一八〇九年，当时史德拉斯堡变成了军事据点。实际上，如若德国集中它的一切军队于沙尔鲁依（Saarlouis）与兰稻（Landau）之间（如像在这一次战争中所做的那样），并将他们推向前面或是在马茵茨与美次的路上作战，那末统一的德意志，尽可以不受史德拉斯堡及亚尔塞斯任何法国军队的威胁，只要德国的军队在那里驻扎着，那一切从史德拉斯堡进攻南德意志的军队，都有同根据地隔绝的危险。如果最近的军事行动有所证明的话，那末所证明的只是从德国容易向法国进攻的这一点罢了。

但，老实说吧，把军事的观点变成决定国界的原则，难道不是盲目与时代错误吗？如果依照这样的规律，那奥地利就还可以有权要求威尼斯与尼西亚，而法兰西为着保护巴黎就可以要求莱茵河一带，因为巴黎可能从东北受到进攻的危险，比柏林可能从西南受到进攻的危险要大得多。如若国界是按军事的利益来决定的话，那这种要求便没有终结，因为一切军事的区域，都有它们的缺点，而这种缺点只有吞并新的区域才能得到改良。此外，这些界限，决不能被最后地而且公平地划定，因为每一次划界时，总是胜利者向着失败者提出所决定的条件，而这里已又种下了新战争的种子。

在国家与国家之间的情形，正像在人与人之间一样——这是一切历史教导我们的。为了要使他们没有进攻的可能，就必须夺取一切他们所有的防御工具。不但要捉住他们的喉头，而且要弄死他们。如若说，在某一时候，某一个胜利者曾经得到过一种破坏对方民族力量的"物质保障"的话，那这就是拿破伦第一在推尔西德条约①中，在他对普鲁士与其他德意志国家实行这条约时所做的事。可是几年之后，一切这些伟大的力量在德意志前面如烟一样的消散了。可是德意志在它野蛮的梦想中所希望从法兰

---

① 依照着一八〇七年的推尔西德条约法国强迫普鲁士缩减陆军，偿付一万泰勒（Talers——德国银币）赔款，并割让东部与西部的领土。——编辑部注

西得到的"物质的保障"同拿破伦第一从德国所得到的比较一下，能看出什么呢？这一次的结果将是同样的毁灭之路。历史的报应不是依照从法兰西所得土地的平方英里来计算的，而是依照犯罪（就是十九世纪后半期所重新兴起的掠夺政策）的大小来决定的。

德意志爱国主义的拥护者对我们说：但是你们不应该把德意志人同法兰西人混淆起来；我们所需要的不是光荣，而只是安全；德意志人——实际上是爱好和平的民族。在他们沉静的注视中间，他们甚至把侵略从将来战争的原因变为永久和平的保证了。自然在一七九二年将自己军队驱入法国，想借枪刺之助去达到压倒十八世纪革命之目的的，并非德意志！而污着手去奴役意大利，镇压匈牙利与瓜分波兰的，也并非德意志！他的现有的军队制度，把一切壮年男子分成两部分（常备军与后备军），而且任何部分都须绝对服从他们的长官，——这制度自然是全体和平的"物质的保障"，是文明的最高目的！在德国，如像别处一样，政府的走卒总是用虚伪的吹嘘来强奸社会的舆论。法国的炮台，美次与史德拉斯堡，很使德国的爱国主义者愤激，但是他们在俄国的巨大的要塞（革沙、马特林、伊凡城）中，却不见有什么不公平。在拿破伦进攻危险之前战栗着的他们，对于沙皇压迫的全部耻辱闭目不视。

正像在一八六五年俾斯麦同拿破伦第三交相允诺一样，在一八七○年同样情形发生于俾斯麦与高尔佳可夫之间①。正像拿破伦第三渴望着一八六六年的战争在其耗竭双方（奥地利与普鲁士）力量后，将会变成德意志命运的支配者一样，亚历山大也渴望一八七○年的战争在耗竭德、法

---

① 在一八六五年，拿破伦第三答应俾斯麦，在普、奥发生战争时，法国保持中立。在一八七○年，俄国外交部长高尔佳可夫（Gorchakov）答应在普、法战争中，俄国保持中立。——编辑部注

力量之后将有变成整个西欧命运的支配者之可能。正像第二帝国认为自己不可能同北德意志同盟同时存在一样，俄罗斯沙皇也应该感觉到以普鲁士为首的德意志帝国方面所给的危险。这是旧日政治制度的规律。在这制度中间，一国之胜即别国之负。沙皇对于欧洲的重大的影响，是基于他对德国的传统的优势。当在俄国本身火山似的社会力量动摇着沙皇制度的根基时，沙皇能容许他的外部力量的衰落吗？莫斯科的报纸已经用一八六六年战争后拿破伦的报纸所用的口气说话了①。难道德国的爱国主义者竟以为强迫法兰西投到俄国的怀抱中去可以保证德意志的自由与和平吗？如若军事上的侥幸，对于自己胜利的骄傲以及皇朝的阴谋，推动德意志走上用掠夺去占据法兰西区域的道路的话，那末，在它的前面只有两条路：或者它应该用尽一切方法成为俄国掠夺政策的分明的一个工具，或者它应该在短期的休息之后，开始准备"防御"战争，不是那"地方的"战争，而是人种的战争，而是反对联合的斯拉夫种与罗马种的战争。

德国工人阶级没有阻止这一战争的可能，它把这一战争作为着德国独立、为着把德国与全欧洲从第二帝国腐烂着的束缚之下解放出来的那种战争，而用力地来拥护它。德意志的工业工人及乡村工人组成了英勇的军队的骨干，而他们家庭中的人丁，却处于半饥半饿的状态之中，他们不仅过着国外战场上的困苦，而且还有家庭贫困的极大痛苦在等候着他们。他们现在也要求"保证"，保证他们的无数的牺牲不会付之流水，保证他们真正得到自由，保证他们对于拿破伦军队的胜利不会像一八一五年那样变成德意志人民的失败。他们要求"不丧失法兰西名誉的和平"与"法兰西共和国的承认"作为这种保证的第一点。

---

① 俄国的报纸攻击俄国政府对于普鲁士的友谊的态度。——编辑部注

德国社会民主工党中央委员会于十月五日发表了宣言，①其中竭力要求这种保证。它说："我们反对吞并亚尔萨斯与劳伦。我们自己知道，我们是以德意志工人阶级的名义说话的。为了法德的共同利益，为了和平与自由的利益，为了西欧文明的利益，为了向东方野蛮进行斗争的利益，德国的工人不能对于亚尔萨斯与劳伦的并吞默而不言……我们为了共同的无产阶级的国际事业，将和我们的同志们，其他国家的工人们共同奋斗到底！"

不幸，我们不能立即预计他们的成功。如果，法国的工人们在和平的时候，不能停止进攻，那德国的工人们，在军事狂热之际约束胜利者的机会，不是更少了吗？德国工人的宣言，要求把拿破伦第三当作普遍犯人交给法兰西共和国手内。而他们的剥削者，却用尽力量设法再把他放到居莱尔的帝座上去，把他当作最适合于使法兰西陷于灭亡的人物。不论怎样，历史将证明，德意志的工人们不是像德意志的资产阶级那样是由那种恶劣的材料造成的。他们执行着自己的任务。

我们与他们一样欢迎法兰西共和国的建立，但是，同时我们担忧着，我们希望这种担忧能够成为没有根据的。这个共和国并没有推倒帝座，它只是占据了后者所留下的空位。它的成立，不是被当作为社会的获得，而只是被当作为国防的政策。它现在落到了那一部分为奥利恩派及另一部分为资产阶级共和主义者所组成的临时政府的手中；这种共和主义者的一部分，在一八四八年的六月暴动中间，是已经沾染了不能洗净的污点的。这一政府内人员的分工，很难做出好的事业出来。奥利恩派占了最有力量的地位——军队与警察，而所谓共和主义者却得到了空谈的部门。这政府的最初几个步骤已经很明显的表示出它从第二帝国那里不但承袭了废墟的坟

---

① 这个宣言，是以马克思给德国社会民主党委员会的指示信为基础的（那封指示信发表于一八七一年九月十一日的《人民国家》）。——编辑部注

山，而且也承袭了对于工人阶级的恐怖，如果现在他们用共和国的名义很大量的允诺许多不可能的东西，那末他们这样做不是为得要引起有利于"可能的"政府之倾向吗？这共和国，在资产者眼中看来（这些人是很愿意做它的掘墓人的），不是到奥利恩①复辟的过渡阶段吗？

这样看来，法兰西的工人阶级，现在是处在最困难的情况之下。正在敌人敲着巴黎城门的时候，一切推翻新政府的企图，是不智的绝望的蠢举。②法兰西的工人们应该完成他们的公民的义务，但不应该为一七九二年的民族的回忆③所诱惑，如像法兰西的农民为第一帝国的民族的回忆所欺

---

① 现通译为奥匈。下同。

② 关于这点，列宁在他的《马克思致愿格曼书信集》俄译本序文中，写道："在一八七〇年九月，在巴黎公社发生六个月之前，马克思郑重地警告法国工人。他在著名的'国际底宣言'中，说推翻新政府的企图，是绝望的蠢举。他在事先就揭穿了要发动一个与一七九二年同一精神的运动底这种可能性，是民族主义的幻想……

"但当群众已经起来时，马克思就要和他们一同前进，要和他们一同在斗争过程中学习，而并不是向他们作一番官僚主义的训斥。他知道要想在事先就把机会估计得完全正确，这是吹牛或是绝望的迂腐。他以为工人阶级英勇地，自我牺牲地拿起主动权制造历史，其价值是超乎其他一切之上的。马克思从那些制造历史但不能在事先就把机会估计得毫厘不差的人们底立场来观察世界历史，而不是从一个用'这是很易预料的……他们原不应动用……'这样的话去教训人的知识分子的俗人底立场来观察世界历史。

"马克思善于珍视这样的事实，就是在历史中会有这样的时机，群众甚至为了一个无成功希望的目标，而拼命奋斗。但这为了给这些群众更进一步的教育，为了训练他们准备下一次的斗争，还是必要的。"——编辑部注

③ 马克思是指一七九二年法国民众在其对欧洲各国的反动联合底进攻军队作战之时的民族感情。他警告人们不要机械地把"祖国危急了"这个口号应用于普法战争中。"为资产阶级而对普鲁士作战，那是发狂。"（恩格斯）——编辑部注

骗一样①。他们（指工人们）所需要的不是重复过去，而是建设将来。希望他们很镇静的、很坚决的利用共和国的自由所给予他们的一切方法来更切实地巩固它本阶级的组织。这将给予他们以强大的力量去为法兰西的新生与我们无产阶级解放的共同事业而斗争。共和国的命运，就依靠在他们的力量与智慧之上。

在这一方面，英国的工人阶级已经采取了某些步骤，他们想以外部的压力破除他们政府对于承认法兰西共和国的不愿②。英国的政府，现在想用迟延去抵销一七九三年反甲可宾的战争③以及那时承认拿破伦国家政变的匆促。此外，英国工人要求他们的政府用一切力量去反对法兰西的分裂，——一部分英国的报纸是无耻地要求这种分裂的。正是这部分报纸，在整个二十年内，尊崇拿破伦第三为欧洲的救主，并且竭力赞扬美国奴隶主的暴动④。现在它还是和那时一样，尽力为奴隶主谋利益。

国际工人联合会的支部应号召一切国家的工人阶级起来采取积极的行动！如若工人们忘记了自己的责任，如若他们的态度是消极的，那末，现

---

① 在选举大总统时（一八四八年十二月十日），拿破伦第三利用了法国农民底成见；农民错误地把第一次法国资产阶级革命底成就与拿破伦第一底名字联系在一起，他们为了纪念拿破伦第一而投票选举拿破伦第三。——编辑部注

② 马克思是指在英国所开展的、主张承认法兰西共和国底大的集会运动；这个运动是由马克思与第一国际底总委员会主导的。——编辑部注

③ 是指欧洲列强第一次联合（澳大利亚、普鲁士、撒丁尼亚等国）反对第一次法国资产阶级革命的战争。在一七九三年二月英国与荷兰加入战争，在三月西班牙也参加了。——编辑部注

④ 在一八六一—一八六五年，美国内战（工业的北部与拥护黑奴种植制度的南部之间的战争）时，英国的资产阶级赞助南部，即是赞助蓄奴制。这是由于一个事实，就是：英国的资产阶级看到工业的北部是自己的一个日益强大的竞争者，而南部则是英国市场的棉花的供给者。——编辑部注

在的可怕的战争将成为新的更可怕的国际战争的前驱，而且会在每一国家内使刺刀、资本与地主的武士们对于工人阶级取得新的胜利。

共和国万岁！（Vive la Republique！）

一八七〇年九月九日伦敦。

回眸经典——马克思主义：法兰西内战

国际工人联合会总委员会为法兰西内战告欧美各分会全体会员书

一

一八七〇年九月四日，当巴黎的工人宣布成立共和国而全国各处差不多立即齐声一致地热烈起来欢迎时，有一群营钻禄位的律师的徒党以梯亥尔（Thiers）为其政治家，以脱罗秀（Trochu）为其大将军的出来占据了市政厅。这些人那时是如此迷信巴黎在一切历史的变乱时期中所负的代表全法国的使命，使得他们以为只要一拿出早已失效的巴黎代表的名义，就完全足够使他们所偷盗得来的法兰西统治者的称号有了法律的根据。这是一些什么人，我们在他们起事以后的第五天发给你们的关于普法战争的第二书内，已经向你们说过了。然而当巴黎突然被劫，工人阶级的真实首领尚幽因于拿破伦第三的监狱中，普鲁士人已在向巴黎进兵之时，巴黎容忍他们的僭位行动，完全是以他们利用这政权去保护祖国这一点为条件的。但是要能保护巴黎，就只有武装工人，把他们组成为真实的军事力量，并且在本身战争中把军事艺术教导给他们。可是武装巴黎城，就等于武装革命。巴黎战胜普鲁士的侵略者，就等于法国的工人战胜法国的资本家及其政府的寄生虫。在这个民族义务与阶级利益的矛盾之间，那国防政府竟一刻也不动摇地把自己变成了卖国政府。

他们的第一步骤，是派遣梯亥尔游说全欧各国朝廷，请它们大发慈悲出来调解，并以把共和国改成君主国为交换条件。巴黎被围四个月后，他

国际工人联合会总委员会为法兰西内战告欧美各分会全体会员书

们觉得开始说出投降二字的机会已经到了,于是脱罗秀在约尔·法佛勒(Jules Favre)及其他同僚数人同时在场的时候,向巴黎市政官的会议说出以下的话:——

"当九月四日之夕,同事们向我们提出的第一个问题就巴黎能否胜利地抵住普鲁士军队的围困?那时我毫不迟疑地回答道:不能。现在到场的同事们中,总有几个是能证实我预料的正确和我主张的坚定的。当时我向他们说的,一字不改的就是下面这句话。依照现在的形势,巴黎要想抵抗普鲁士军队是一件蠢事——当然,这是一件英雄的蠢事;但终究是蠢事呵……现在实际的经过(由他自己所布置的)已经证明我的话并不会说错。"脱罗秀的这一篇简短而乖巧的演词,是由当时到场的一个叫作哥滂(Gorbon)的市政官事后发表出来的。

所以,即在共和国宣布成立之夕,脱罗秀的同僚已经知道他的"计划"是在于使巴黎投降敌人。如若国防二字不仅是梯也尔、法佛勒等人夺取统治地位的假面具,那末九月四日的兴起者,就应当在九月五日放下他们的政权,将脱罗秀的"计划"告诉巴黎的民众,请他们赶快投降,或者让他们自己起来掌握他们自己的运命。可是他们却不这样做。这班无耻的骗子,决意用饥馑和死亡去治疗巴黎的"英雄的蠢事"而同时发表许多宣言去欺蒙巴黎人民。在这些宣言中,有一个说道:"脱罗秀,巴黎的总督,永远不投降敌人";"外交总长——约尔·法佛勒是不肯割让我们一寸的土地,也不肯牺牲我们堡塞上一块石头的"。但是就是这个法佛勒,在他写给甘贝塔(Gambetta)的信中,却发誓说,他们所抗拒的并不是普鲁士的军队,而是巴黎的工人。在整个的被围时期内,由诡黠的脱罗秀付托以指挥巴黎军队之责的那些拿破伦派的军官,在其围困期内的私人往来的信札中,却彼此竟以轻薄的口气嘲笑这双方所共知的玩把戏似的国防。巴黎公社官报上所发表的一封信,即可作一例证。该信由巴黎国防军炮兵总指挥、有光荣队大十字章的阿尔风斯·西蒙·居友(Alphonse Simon Guiod)发出寄给炮兵师长苏珊(Suzanne)的。这种骗子的假面具,到一八七一年一月二十八日到底揭下了。国防政府在投降中,竟以极端轻蔑的那种真正英雄气概现身露面,竟以俾斯麦的俘虏所组成的法国政府的资格显身露面——这种卑贱的地位,就是拿破伦第三自己在色当时候,也是不敢承受的。三月十八日事变后,这些卖国贼仓皇地向凡尔赛奔逃,以至把那些证实他们卖国的文件都忘记带走。事后公社在对各省的宣言中指出,为着毁灭这些文件,"这些人是不恤将巴黎变为一个沉没于血海的邱墟的"。

事情之所以造成这样一个结局,还是因为国防政府的几个领袖人物有他们私人的非常奇特的原因。

议和之后不久,有一个巴黎的国民会议代表弥里晏(M. Milliere)(他现在被法佛勒特别下令枪毙了),发表了许多证据确凿的官场文件,证明法佛勒与一个居于阿尔吉尔(Algier)的酒徒之妻相奸通,他多年筹划,铸造了许多最冒险的伪证,并以奸通所生之儿女的名义取得大宗遗产,使他变成了富人,后该酒徒之嫡嗣赴法庭控诉,他靠着拿破伦朝廷下面法庭的偏袒,始得免于败露。因为这些铁面无情的官场文件使他用多少巧辩都不能掩饰过去,所以约尔·法佛勒才生平第一次把他的嘴关闭起来,静静地等待着国内战争的爆发,好在那时候狂暴地跳起来宣告全巴黎的人民是一群穷凶极恶的狱中逃犯,目无一切秩序、家庭、宗教和私有财产的暴徒。这个伪证铸造者,在九月之后,一握得政权,便以同情之心释放了劈克(Pic)和泰雷否(Taillefer)两人。这两个人,是尚在帝国时代因在"爱登达"(Etendard)报舞弊案中假造证书而被下狱的。其中的一个泰雷否,曾在公社时期大胆回至巴黎,公社立即把他送回监狱;然而约尔·法佛勒却在国民会议的演讲台上大喊，巴黎人释放一切狱中的囚犯！

爱伦斯·毕加德（Ernest Picard）（这是国防政府的法尔斯达夫①，他在帝国时代梦想做内务总长没有成功之后，就自己指派他自己做了内务总长），是一个叫作雅瑟·毕加德的人的兄弟，那个雅瑟·毕加德是因舞弊从巴黎交易所中被逐出来的（见一八六七年七月十三日警察厅报告），并据法庭审讯，他自己招出当他做法兰西通用银行的巴勒斯特罗街五号一个分行的经理时，他偷了行中的钱三十万法郎（见一八六八年十二月十一日警察厅报告）。这个雅瑟·毕加德却被他的兄弟爱伦斯·毕加德指派做他的机关报《L'écriture libre》的主笔。当股票交易所的经纪人们的事业因这个内务部报纸的官场谎话而陷入混乱之时，雅瑟却正在内务部与总商会之间穿梭般串来串去，利用法国军队的失败来谋利。这一对宝贝兄弟关于生意事情的全部通信，都落入了公社的手里。

丧尔士·弗雷（Jules Ferry）在九月四日以前，原是个一钱莫名的穷律师，被围时，他做巴黎市长，利用城中的饥荒刮了不少的钱。如有一天他不得不作他的行政报告时，那他就会在这天被定罪。

像这些人呢，当然只能够在巴黎的毁灭中得到他们的赦书！② 俾斯麦所要的也正是这些人。然后经过了一番重新摆布的手续以后，那一向躲在幕后推动政府的梯亥尔，忽然在政府的第一把交椅上现身出来了。那般得到赦书的人都做了他的总长。

梯亥尔，这矮子怪物，使法国资产阶级醉心地崇拜他差不多半个世

---

① 法尔斯达夫是莎士比亚戏剧中的角色之一。他是尖头，大腹，爱说谎，胆小，贪食喜酒，爱揩别人的油，做事未成即大吹大擂的典型人。

② 在英国，囚犯在度过大部分的刑期之后，有时得到一种证书，他们带着这种证书，又在警察监视之下在外居住，这样的证书叫作赦书，证书所有者，叫作得到赦权的人。——一八七二年德文版注

纪，正因为他是他们的阶级腐败的一个最完全的思想代表。在他成为一个政治家之前，也是一个历史家，那时他已经表现了他的说谎能力。他的政治生涯的记录，就是法兰西种种灾难的历史。一八三〇年之前，他与共和党人混在一起，到路易裴立伯治下，他背弃了他的恩人拉斐德（Laffite）而得到了总长的位置。为要献媚于国王，他鼓励徒众起来暴动，攻击僧侣，在这暴动中抢劫了圣·日耳曼·奥克赛洛伊（Saint Germain I Auxerrois）教堂和大主教的宫廷，并且他与倍理侯爵夫人（de Berri）发生关系，为她充当内阁侦探与监狱产婆。脱南斯诺南街上之屠杀共和党人①及九月间所颁布的压制报纸及集会结社权利的可恶的法律，也是他干的事。一八四〇年三月，他已经是内阁总理了，那时他以他的巩固巴黎防卫的计划震惊了全法国的人民，当共和党人反对这个计划，认为它是一个反对巴黎人民自由的罪恶阴谋时，他在人民代表会议的讲台上答复道：

——"什么话！你们以为任何防卫工作都会危害自由吗！说这种话，就是毁谤政府，是假想世界上有一种政府，为着保持政权于自己手中，会在某一天先来轰击本国的京城……这种政府在战胜之后比在战胜之前，更是一百倍的不可能了。"是的，除了那个预先将这些炮台献给普鲁士人的政府以外，确是没有任何政府敢从那些炮台来轰炸巴黎的。

在一八四八年一月当炮弹国王②想要屈服巴勒摩（Palermo）时，久已不作总长的梯亥尔，在人民代表会议中起来发表这样的话："先生们，你

---

① 一八三九年巴黎发生了共和民主党人底起义，政府加以残酷的镇压，没有武装的人民，连妇孺在内，也被屠杀。——编辑部注

② 拿布勒斯（Na Ples）王斐特南第二，其绰号是炮弹国王，因为他猛烈地炮轰了麦西那（Messina）市（一八四八年九月）。五月十五日是拿布勒斯的国会被解散之日。——编辑部注

们可知道,在巴勒摩发生了什么事情么?当你们听见说,有一个大城市竟被继续轰击了四十八小时,你们大家都会惊骇得颤抖(在国会的意义下)。被谁轰击?是被那利用战争权利的外敌吗?不是的,先生们,却是被它自己的政府。为什么?因为那个不幸的城市敢于要求它们的权利。为要求它的权利,却得到了四十八小时的轰击……让我来请求全欧洲舆论的公断罢。我想,如果从这个全欧洲最大讲台上,用愤激的话(真的,实在只是话)去斥责这种行为,那这就是对于人类的贡献。……当爱斯巴脱落王子(Regent Espartero)为着效力国家(这却是梯亥尔所从未做过的)而用大炮轰击了巴赛隆那城以镇压该城的暴动时,全世界到处起来发出了共同的愤怒的喊声。"

十八个月之后,梯亥尔已是拥护法国的军队轰击罗马城的[①]最出力的一个人了。实在说来,炮弹国王的罪过,似乎仅仅在于把他的攻击限于四十八小时之内罢了。

二月革命之前数天,梯亥尔在氛围中感觉到了民众大风暴的到来。因基淑(Guizot)之故而长期不得高位厚禄的情况,已使他讨厌极了。于是梯亥尔装起了假英雄态度(为了这,他博得了"蝇子米拉波"的外号),在人民代表会议中宣言道:"我不但是法国的革命党人,而且也是全欧洲的革命党人。我希望革命政权常常握在一般温和派的手里……但如果一旦政权落入了心肠热烈的人或经急进派人的手里,那我也决不因此丢弃我的目的。我总是属于革命这一边的。"

二月革命来到了。然而,这革命却没有像这小人所梦想的以梯亥尔内

---

① 一八四九年四月,法国军队出师拥护罗马教皇反对意大利革命。炮轰罗马,是对于法兰西宪法(它宣言"不用武力去破坏任何民族底自由")之重大的违反。——编辑部注

阁去替换基淑内阁。这革命竟以共和国替换了路易裴立伯。从民众胜利的第一天起，他就小心翼翼地自己掩藏了起来，但他却忘记了工人们对于他的贱视，使他越出了他们的痛恨之外。这位有经验的勇士，继续的不敢出现于公共的地方，直至六月屠杀①为他那样的人清除了道路的时候。然后，他大摇大摆地出来，变成了"秩序党"（Party of order）乃其议会制共和国的领导人物了，这个议会制的共和国，正是那时青黄不接时期的一个无名的过渡统治，在这统治时期，统治阶级的一切派别互相勾结去压倒民众，同时又互相暗算，企图按照自己胃口恢复皇朝。在那时候，和现在一样，梯亥尔宣告共和党人是巩固共和国的唯一障碍；在那时候，和现在一样，他对共和党人所说的话，正像刽子手对唐·卡洛斯（Don Carlos）②所说的话一般：——"我要杀死你，但却是为了你的好处。"现在呢，也像当时一样，他要在他胜利之后的第二天喊道："L'Empire est fait = 帝国已告成功了。"他忘记了他关于"必要的自由"的虚伪的话以及他个人对于拿破伦第三的怨恨了（他曾被拿破伦第三愚弄，并被他一脚踢去了国会制度，——而离开了国会的人工氛围，这小鬼自己就要成为一钱不值，这一点，当然是他所熟知的）。忘记了所有这些的梯亥尔，参加了第二帝国时代所有的一切可耻事件，——从法国军队占据罗马一直到对普鲁士开战。他助长了普法战争，他破口辱骂德意志的统一，而他辱骂德意志统一，并不是因为看到这是普鲁士的专制主义的假面具，而是因为这种统一要危害法国世代相传的因德意志不统一而获得的权利。这个矮子在全欧洲的面前

---

① 这是指一八四八年巴黎无产阶级底六月起义之被镇压。——编辑部注
② 唐·卡洛斯（1545—1568），西班牙的王子，参加反对他父亲的阴谋。席勒在其"唐·卡洛斯"悲剧中将他理想化。——编辑部注

挥舞拿破伦第一的宝剑（他在历史著作上①，正是替拿破伦擦靴子）。事实上他的外交政策，从一八四一年的伦敦会议起到一八七一年的巴黎献城止，总是使法兰西陷于极端的耻辱，而在现在的国内战争中，他居然腼颜得到俾斯麦的恩许，把西丹和美次的俘虏放回来屠杀巴黎了。他的才干虽然机动，他的主张虽然易变，但他一生却总是懵然无知，而且是对于那已经显露到外面来的最明显的变动，也不能为他的头脑所了解，因为他是一个把所有脑力聚到舌尖上的人。例如，他以为任何违反法国陈旧的保护贸易制度②之倾向都是渎神犯圣。当他做路易裴立伯的阁员时，反对建筑铁路，嘲骂铁路为发狂的怪物齐曼垃（Chimera，狮首、羊身、龙尾之怪物，口喷毒火——译者）。当他在拿破伦第三之下变成在野党时，又反对改革法国腐败的旧军队制度，仿佛这是大逆不道的事。

在他一生长久的政治生涯中间，他从来没有做过一件（哪怕最小的）实际有用的事。问什么是梯亥尔一生唯一的一贯之处，那只有他的贪财及其对于财富生产者的痛恨，他第一次到路易裴立伯之下去当阁员时，穷得和"瘪三"（上海俗语，意即指穷困落魄，干流氓事业以生存之人——译者）一样，到他下野时，已成了百万财翁。在这国王下做最红一次的阁员时（一八四〇年三月一日），他在人民代表会议中，公开被人控告侵吞公款，他那时不恤用眼泪鼻涕——这是廉价的商品，他和法佛勒及其他

---

① 梯亥尔底主要历史著作是《法国革命史》与《执政府与帝国的历史》。——编辑部注

② 法国的保护贸易制度的特征，是对于商品课高额进口税（如对英国生铁按其价值征收百分之七十的进口税，对于铁则按其价值征收百分之一百零五的进口税）。结果，有许多不能在法国制造的工具与其他商品，就从市场上完全绝迹了。——编辑部注

的鳄鱼们所惯于使用的——去答复公众的这一控告。一八七一年在卜都^①（Bordeaux）的时候，挽救法国财政破产的第一个必需办法，在他看来就是规定他自己每年俸给三百万法郎，这就是他的"经济共和国"开篇第一个字和最后一个字，这种"共和国"的观念，他在一八六九年给巴黎选民们的宣言中已经指点出来了。他的一个一八三〇年时人民代表会议中的同事，叫作贝列（Beslay）的，本人是一个资本家，但却是巴黎公社的一个最忠心的社员，最近发表一篇檄文，告梯亥尔道："使劳动为资本所奴役，一向是你的政策的基础。从你看见劳动者的共和国在市政厅成立第一天起，你总是不断地向法国大喊：'这些人都是罪犯呵！'他是一个在政府中耍小手段的大家，惯发伪誓、善于叛卖的名手，国会内党派斗争中施展阴谋诡计和四处钻营的巨匠。他失去位置的时候，总是毫不踌躇的煽起革命；在他握得了国家大权以后，总是毫不踌躇地使革命陷入血泊中；阶级的偏见，代替了他的思想，虚荣代替了他的良心；他的私人生活是和他的社会生涯一样的卑鄙龌龊——就是在现在，当他扮演着'法兰西的修拉'（Franch Sulla）的角色时，他的滑稽的矫饰还是掩不住他的行为的卑污。"

巴黎的投降，不单是把巴黎，而且是把全法国献给普鲁士，这种投降，是九月四日的窃位者从九月四日窃取政权的时候起就开始的（像脱罗秀亲口招供的那样），一个长期通敌的卖国奸谋的总结束。在另一方面，这投降又是他们得到普鲁士帮助来进攻共和国及巴黎的国内战争的开始。陷阱早在投降普国的条件中安放好了。那时，约有三分之一的领土是在敌人手里，京城与各省间的往来已被割断，一切交通都已紊乱。在这种情形之下，要选出真正的法国的代表来，除非有很充分的预备时间，是不可能的。所以，在投降的条款中，限定一星期内选举出一个国民会议来；这使

---

① 现通译为波尔多。下同。

得在法国有好多地方，关于选举的消息只在选举的前夜才送到。此外，投降条件上更说，这个国民会议的选举，唯一的目的是在决定和平与战争的问题，在必要的时候，更要用来缔结议和条约。民众当然要感觉到这种停战的条件尚简直使继续战争成为不可能的事，唯有最坏的人，才最适宜去订立俾斯麦所定下的和约。但是，梯亥尔却不放心于那种戒备，他在停战的秘密传到巴黎以前，就已出发到各省去作选举的旅行，想把合法党（Legitimist Party）的尸体复活起来，使它与奥利恩派（Orleanists）共同来代替那在当时为全国所弃的拿破伦派。他不怕合法党，因为这些人在那时的法兰西成立政府，是没有希望的，所以由他们来作对敌，是并不危险的；这党的一切行动，像梯亥尔（一八三二年一月五日在人民代表会议的演说）自己所说的，是"以外国侵入、进行内乱及扰乱秩序三者为其行动之源"的，所以它是反革命势力最好的工具。合法党衷心相信，他们所久已盼望的长期统治时期已经降临了。的确，外国侵犯者的铁蹄，正在蹂躏法国的土地；帝国已经倒了，拿破伦已经被捕；他们正可以为所欲为了。显然的，历史的轮子已经将倒回去，停止在一八一六年的"无双议院"（Chambre introuvable）①的时代了。在一八四八年到一八五一年之间，在共和国的议会中，他们的首领，是一些受过教育的、对于议会斗争有经验的人们；而现在涌上来的却完全是党中的寻常人员——法国的各种混蛋。

当这个"地主会议"（Ruraux）②在卜都开幕的时候，梯亥尔甚至不许

---

① 是指法国在一八二六年的议院，其中大多数议员，是极端的保皇党贵族底代表，以反动的性质著称。——编辑部注

② 二月十三日在卜都（Bordeaux）所召开的国民会议，大多数是公开的保皇党（七百五十名代表中有四百五十名是保皇党），大部分是地主底代表以及城市和农村的反动阶层底代表。由此，产生了"地主会议"或"农村贵族议会"之称。——编辑部注

他们进行国会的讨论而只是简单地向他们申明必须立刻承认和议的先决条件，因为这是普鲁士所一定要得到的条件，只有在这条件上面普鲁士才答应他们去向共和国及其要塞巴黎开战。第二帝国已经把国债增加了两倍，一切大城市都欠了极重的市政公债。战争极度地增加了负担，并且将全国的财源毫无顾惜地汲尽了。此外，还有普鲁士的歇洛克（Shylock，莎士比亚剧中的吝啬的犹太商人——译者）拿了债票要供养他在法国领土内的五十万兵士，他要法国付五十万万的赔款，未付清的余数，添加百分之五的利息。谁应当来付这笔账呢？只有暴力推倒共和国之后，财富的所有者们才能够希望把他们自己所惹出来的战争的费用转嫁到财富的生产者身上去。因此，法国经济的空前的破坏，刺激着这些土地和资本的忠心的代表者，在敌国军队的监视和保障之下，用国内战争及奴隶主的叛变去终止对外的战争。

在他们阴谋的前面，却站着一个极大的障碍物——巴黎。解除巴黎武装，是成功的第一条件。于是梯亥尔就要求巴黎交出他的武装来了。使巴黎不能再忍耐下去的一切行动，都做出来了。"地主会议"举行了反共和派的、狂暴的示威；梯亥尔自己也讽刺共和没有法统的根据；废除巴黎为首都的话也传出来了，奥利恩派派出了他们的大使——杜福尔（Dufaure）颁布了使巴黎工商业破坏的关于过期商业期票及房租的法令，因波野尔·克尔底尔（Pouyer Quertier）的坚持，每种出版品每一本课以二生的税金，勃朗基和弗罗伦斯（Flourens）被判决死刑；共和党报纸被封闭；国民会议移到了凡尔赛；为柏烈高（Palikao）所宣布而在九月四日取消的戒严又恢复了；十二月二日的英雄维诺衣（Vinoy）被派来做巴黎的总督了；帝国的宪兵瓦伦顿（Valentin）被任为警察总监；耶苏将军奥雷尔·特·巴拉丁（Aurelles de Paladinc）被任为巴黎国民军总司令。

现在我们还要向梯亥尔先生及国防政府中其他的人们，即梯亥尔的仆人们提出下面的问题：大家知道，梯亥尔经过他的财政总长波野尔·克尔底尔的手，借了一笔二十万万的债款，这债款，是要立即支付的。现在问：

一、据说按此中的勾当，该借款中有数千万的数目是专为梯亥尔、法佛勒、毕加德、德以尔和西蒙等私人利益，而彼此分润了的，此事是真是假？

二、据说该项借款，不到巴黎"平定"之后是不偿付的，这话是实是虚？

无论如何，钱是非常需要的，因为梯亥尔和法佛勒曾用卜都会议大多数的名义最无耻地请求普鲁士军队立即占据巴黎。但是这种把戏不在俾斯麦的政策之内，所以当他回到德国去的时候，公开的用讥嘲的口吻把这些事告诉那些洗耳而听的法兰克福的俗汉们。

二

武装的巴黎，是对于反革命阴谋的唯一严重的障碍，所以巴黎非被要求解除武装不可。对于这一点，卜都议会是十分公开地主张的。即使地主议会中代表们底愤怒的鼓噪还不够清楚的话，那末梯亥尔底让出巴黎而把它拿来献给十二月杀人犯维诺衣、拿破伦第三时代宪兵瓦仑顿和耶稣将军奥雷尔·特·巴拉丁三人所组织的三人执政政府来支配，这事是丝毫没有可以怀疑的余地了。这些阴谋者，并不掩盖他们解除巴黎武装的真意，可是同时又以最显然最无耻的谣言为借口，直接要求巴黎卸下自己的武器。梯亥尔声明说，"巴黎国民军的大炮是属于国家的，所以应当归还国家"。其实，事情是如此的：自从献城的那天，当俾斯麦的俘虏们把法兰西出卖给他，并恳求了将一大部分军力留给自己以为压迫巴黎之用的时候起，巴黎已经武装起来了。国民军自己已经改组过了，已把最高的指挥权完全付托给一个由全体国民军兵士（除了拿破伦派的几个部队）所选举出来的中央执行委员会。在普鲁士军队进入巴黎的前夜，中央委员会设法把投降的叛徒们奸恶地丢弃于将为普鲁士军所进据的一带地方之一些大炮和机关枪搬运到蒙马德尔①（Montmartre）、拉·维勒脱（la villette）和秘尔维尔②（Belleville）等市区去。这些大炮本是国民军自己集款置备的。在正月二十八日的投降书中，大炮曾被正式承认是国民军的私有财产，因此当时未曾被列入政府缴给敌人的一般军械中去。但是梯亥尔却因实在没有理由来向巴黎民众宣战，所以乃不得不捏造无耻的谣言，说国民自卫军的大炮是国家的财产！

　　谋夺此项军械，很明显的，自然不过是普遍的解除巴黎武装的第一步，也就是要把九月四日的革命解除武装的第一步。可是这个革命，已经是法兰西合法的国家的形式。这次革命的果实——共和国，已经在投降书上为胜利者所正式承认了。在那次投降之后，它已为一切外国列强所承认，并且曾经以它（共和国）的名义召集了国民会议。九月四日，巴黎工人的革命，是卜都国民会议及其行政部之唯一合法的基础。假使没有九月四日的那次革命，那末这个国民会议就应当把自己的权位让给一八六九年在法兰西统治之下而不在普鲁士统治之下用普选法所选举出来，以后又被革命所武力解散的立法院了。梯亥尔和他的"得到赦书的人们"也一定会向拿破伦第三投降，请求他签字保护免得充军到开

---

　　①　现通译为蒙马特尔。
　　②　现通译为贝尔维尔。

茵（Cayenne）[①]去。能够运用全权来与普鲁士媾和的国民会议，仅仅是这次革命中的一个插话而已，至于革命的真正地体现者却还是武装的巴黎，发动革命的巴黎，为革命而忍受了五个月的围困备尝了惊恐与饥馑的巴黎，并且不为脱罗秀诡计所动以持久的抵抗而使各省有可能进行坚决防御战争的巴黎。可是现在，这个巴黎，在卜都叛乱的奴隶主的侮辱命令之下或者不得不实行解除武装，并且，承认九月四日的革命没有别的意义，而只是把政权从拿破伦第三手里转给他的竞争者保皇党人的手里；或者，巴黎不得不用牺牲的精神挺身出来为法兰西事业而斗争，用革命的手段去推翻当时的政治和社会制度，推翻造成第二帝国并且在帝国庇护之下使法国达到完全腐败地步的那种政治和社会制度，只有这样，才能把法兰西从完全覆灭的灾祸中挽救出来使它重新走上新生命的道路。忍受了五个月饥馑痛苦的巴黎，对于这种选择是没有片刻犹豫的。它充满着英气勃勃的勇敢，它决定担受向法兰西反革命阴谋家进行斗争的重负。虽然那时从堡塞上有普鲁士的大炮向它威吓亦所不顾。但是当时的中央委员会因为对于威胁着巴黎的内战抱着一种厌恨，所以，纵有卜都议会之挑衅、行政部之横加干涉以及大批军队之回集巴黎及其四周，它始终还是保持一种自卫的态度。

而当这个时候，梯亥尔自己先开始内战了。他派遣维诺衣率领了好多警察和一些军队，在夜间作偷盗式的出征，以袭击蒙马德尔，意图在彼处用迅雷不及掩耳的方法夺取国民军的大炮。这一企图后来因为国民军的坚强抵抗以及军队和民众的友爱联欢而遭受了失败，这事是大家所知道的。可是在事前，奥雷尔·特·巴拉丁已经印好了胜利的

[①] 开茵（Cayenne）南美洲的法属圭亚那（Guiana）之首都，犯人放逐地。——编辑部注

公报，梯亥尔也早已预备好了告示来宣布他完成政变所采取的办法。现在梯亥尔不得不把这种公报和告示改为另一宣言，在这宣言中，他宣布他自己的"大量"，决意将武器赏给国民军，并希望使用这些武器来保护政府以与叛徒斗争。可是在三十万国民军当中，只有三百人响应这个宣言，愿意集合到小人梯亥尔那边去，拥护他来打他们自己的弟兄。三月十八日，光荣的工人革命完全统治了巴黎。中央委员会就成为当时的临时政府。欧洲各国一时还怀疑了这种炫人眼目的国家激变和军事激变之真实性。难道这不是从久已过去的事件中所发生出来的大梦吗？

从三月十八日到凡尔赛军队冲入巴黎的时刻，无产阶级革命完全没有被"上等阶级"的革命者尤其是他们的反革命中所固有的横暴行为所玷污。它（指巴黎无产阶级革命）的敌人们，除了说它杀戮莱康德（Lecomte）和克莱孟汤姆（Clement Thomas）两个将军以及凡登（Place Uendôme）广场上的冲突以外，是没有其他借口可以来非难它的。

莱康德将军是拿破伦的军官，他是参加夜袭蒙马德尔的一人，他曾经四次发令，命其部下第八十一团兵士射击比加尔（Place Pigale）广场上赤手空拳的群众；当兵士拒绝执行他的命令时，他就极尽卑劣地侮辱他们。当时他的部下，没有去射击赤手空拳的妇女和小孩，而却把他枪决了。受工人阶级敌人长久熏陶的士兵习惯，在他们初转到工人方面来的时候，自然一下子是不容易改变的。他们也杀死了克莱孟汤姆将军。

克莱孟汤姆"将军"从前是一个不得志的小军需官，在路易斐立伯在位时的末年，他加入共和派所办的《国民报》的编辑部，在这些急躁的报纸上，他一面是负责的傀儡①同时又是作战的斗士。二月革命之后，《国民报》一派人把政权握到了自己手中，他们就把这位老的军需官升任将军，这还是六月屠杀的前夜的事。他在那次屠杀当中，与约尔·法佛勒同为凶恶的准备者；并且还在屠杀中起了最卑鄙的刽子手的作用。在那次事件以后，他带着他的将军职位隐没了好久，直到一八七〇年十一月一日，才又见他出现了。在那一天的前夜，②被执于市政厅中的"国防政府"，十二分庄严地允诺了勃朗基、弗罗伦以及其他的工人代表们说，愿意把他们所已夺到的政权转交给巴黎民众所自由选举出来的巴黎公社之手。可是国防政府后来却食了约言，并且怂恿脱罗秀将军的布里顿人（Bretons），这些布里顿人现在代替了拿破伦的高尔西根人（Corsicons）的地位来反攻巴黎。当时唯有泰米西（Tamisier）将军一人不愿意干这种不守信义的勾当，辞去了国民军总司令之职。代替他职位的克莱孟汤姆因此又做了将军了。在克莱孟汤姆做总司令的服务期间，他不是与普鲁士人作战，而是与巴黎国民军作战。他竭其全力阻止他们的全体武装；他唆使资产阶级的几营部队来攻打工人的队伍；他排斥了许多不同意于脱罗秀"计划"的军官；并且诬蔑无产者几营兵怯懦而加以解散；可是这几营部队的英勇果敢，现在就是最狂暴的敌人们也对之惊奇不置的。克莱孟汤姆现在觉得

---

① 其职务是遇报纸被控告判罪时就由他受禁闭。——编辑部注

② 一八七〇年十月三十一日，会企图推翻国防政府而夺取政权。引起这个运动的动机，是下面这些风传：说，法国方面行将与普鲁士军成立休战，国民军在蒲尔热败北，麦次出降。国民军有一队（大部分是由工人所组成的）在勃朗基主义者领导之下占领市政厅，宣布推翻旧政府，成立新政府，由新政府组织公社的选举。但新政府并没有以广泛的群众为基础，而表现不坚决与动摇。它与被扣的国防政府的官员展开谈判，得到了他们的口头上的允许，说在十一月一号举行公社选举，并宣布大赦。在这个时候，资产阶级的警备军有几队被调到市政厅来，在十一月一号早晨，他们占领了市政厅，恢复了国防政府的权力。——编辑部注

十二分的骄傲，因为在他又能在实际上表示出他个人对于巴黎无产阶级的仇视，这种仇视在一八四八年六月的屠杀中，是已很显赫地表现过了的。在三月十八日以前的几天，他把自己"根本结束巴黎恶徒之花"的计划，呈到军事总长李福洛（Leflô）面前去。到了维诺衣失败以后，他又不得不装着爱好艺术的假象，充当间谍来现身于舞台之上。中央委员会和巴黎工人对于克莱孟汤姆和莱康德尔人之被杀所负的责任，正像威尔士（Wales）公主对于当她进伦敦那一天因拥挤过甚以致有些人被踏死的那事所负的责任一样。

所谓凡登广场上屠杀赤手空拳的民众，这简直是一个子虚乌有的神话。梯亥尔和地主议会中的代表们永远对于那件事一字不提，实不是无因的。散布这点的任务，他们委托给欧洲新闻界的奴仆们去干了。

"保守秩序的人们"，——巴黎的反动分子们，一听到三月十八日革命胜利的消息，大家都战栗起来了。在他们看来，这革命的胜利就是民众压迫的接近。从一八四八年六月事件那几天直到一八七一年一月二十二日①遭他们毒手杀害的那些牺牲者底冤鬼们，都在他们面前站起来了。但是他们所受的唯一处罚，只是这种惊惶罢了。警察们不但没有被解除武装或被幽禁起来如所应做的那样，而且大开巴黎之门让他们自由地逃往凡尔赛去。那般"保守秩序的人们"，不但没有遭受任何伤害，而且还给予他们在巴黎中心集合力量、巩固他们许多地位的可能。中央委员会的这种

---

① 在一八七一年一月二十二日，又发生一个新的推翻国防政府的企图。暴动底直接原因是国民军在波遂维尔（Bucenval）之败北（一八七一年一月十九日），行将休战与任命维诺衣将军为巴黎军事司令官之谣传。一月二十二日的暴动，正与十月三十一日的暴动一样，其特征就是决断不足、团结不够，并且对群众的组织联络也不够。在镇压这次暴动时，死伤三十人，其中有妇女与小孩。——编辑部注

谦让，武装了的巴黎工人的这种宽宏大量，按照那般"秩序党"的习惯来看，是如此的奇异，使得这些秩序党人竟加以误解，以为这是工人们自觉能力薄弱的表现。这就是为什么"秩序党"人想到了那样无意义的计划，要用和平的示威游行的方法来获得维诺衣曾用他的大炮所没有得到的东西。三月二十二日，从最华富的市区，出现了叫嚣不堪的一伙"时髦的人士"，所有巴黎城中的"阔人少爷"都参加，为他们首领的，都是些最昭著的皇亲国戚——如海开伦（Heeckeren）、可哀脱罗恭（Ccetlogon）、安黎本（Henri de Pene）之类的东西。这一群怯懦地以和平游行为名的暴徒们，秘密地用杀人犯的武器武装起来，把他们于游行中在街上所遇到的许多国民军巡查员与哨兵加以侮辱并解除武装。当他们从和平街出来到凡登广场的时候，他们便高声狂喊："打倒中央委员会！""打倒刽子手！""国民会议万岁！"同时企图冲破自卫军哨兵的警戒，猝不及防地袭取在该警戒线之后的国民军的总司令部。对于这般暴徒们的手枪射击的回答，起初仅仅是采取普通的驱散行动；可是，当后来一见这个方法不发生效力的时候，国民军指挥官就下令发枪还击。一次射击就把那些"空头"的乌合之众打得四散奔逃，这些人梦想着以为只要"体面社会"一出现，对于巴黎革命就会发生像依苏那维纳①的喇叭声对于叶利巷②城壁所发生的那样的影响。被这些逃奔的"游行者"杀死的，有国民军二人，重伤者九人（在这九人当中，一个是中央委员会的委员）。而在这次"秩序党"人的伟业所发生的地方，到处都散弃着他们的手枪、刺刀、宝剑等一类的武器，这正是他们的"徒手"的"和平示威"的证物！可是在一八四九年六月十三日那一天，当国民军为了抗议法兰西军队之穷

---

① 现通译为约书亚。
② 现通译为耶利哥。

凶极恶地攻占罗马而举行真正和平的示威之时，当时"秩序党"的将军向加尔尼（Changarnier）就令其军队四方面向这般徒手的游行民众冲来，把他们枪毙的枪毙，刀斩的刀斩，用马蹄践踏的用马蹄践踏；而这样的向加尔尼，却因这次屠杀而被国民会议——特别是梯亥尔——推崇为"祖国的救主"。巴黎当时宣布了戒严，杜福尔就急在国民会议中通过了许多压迫民众的法令，实行许多新的拘捕与充军，形成了新的恐怖的统治。但是那时"下等阶级"的行动却同他们相反。一八七一年的中央委员会，简直没有注意到那些四散奔逃的"和平示威"的英雄们，所以在二天以后，他们就能够在海军大将赛士（Saisset）的统率之下举行他们的"武装"示威游行，而其结果，则是群向凡尔赛逃奔，这是他们预先打算好了的。中央委员会对于由梯亥尔夜袭蒙马德尔所引起的国内战争，还是坚持拒绝，这简直是重大的错误：当时它应该立即令军队追到当时没有充分防御的凡尔赛去，把梯亥尔及其"地主会议"的阴谋一次的斩草除根。中央委员会不但没有做到这一点，反而容许"秩序党"重新能够在三月二十六日那一天的巴黎公社而选举中使用它底力量①。在那天，"保守秩序的人们"在巴黎的各市区大作其调和的演词，表示愿意同他们的过于大度的胜利者言归于好，可是在他们心中当然是在庄严地立誓要在相当时候将他们屠杀消灭。

现在来看一看另一方面吧。梯亥尔在四月初向巴黎作第二次的进攻了。对于被俘到凡尔赛的第一批巴黎人，采取了最残酷的手段。欧纳斯特毕加尔把两手插在裤袋中，在他们周围走来走去，并且讥笑着他们，而在尊贵太太们围绕中的梯亥尔夫人和法佛勒夫人等，则从楼台上对凡尔赛暴

---

① 马克思在写给顾格曼的信（一八七一年四月十二日）中，已说到了中央委员会底这些致命的错误。——编辑部注

徒的罪行拍手喝彩。被捕的战斗部队的兵士们，就被当场枪毙。我们勇敢的朋友杜佛尔（Duval）将军——他是一个铸匠——不经过任何的审讯手续即被枪决了。嘉里弗（Gallifet）——他的妻子在第二皇朝的御宴席上，曾何等不要脸地脱光她的身体给大家看的——在宣言中自己夸耀说，正是他把当时被他卫队所突然包围与解除武装的一小队国民军及其队长与副官加以屠杀。从巴黎逃出的维诺衣，因为他发布了命令要枪杀从公社方面捕来的任何作战的兵士，就从梯亥尔那里得到了大勋章。宪兵台思马朗，因为他像屠夫一样，将勇敢地将宽大的佛罗伦——就是那个于一八七〇年十月十一日救了国防政府官吏的头的佛罗伦——切成细片，也得到了奖章。关于杀他的"动人的详细情形"，梯亥尔很满意的在国民议会的一次会议上作了叙述。他如像那种得人家批准而扮演太美朗（Tamerlan）的国会小子一样，带着自大的虚荣，拒绝给予那些起来反对他这卑贱小人的起义者以交战的对方的权利，他甚至不承认他们的救护站有中立的权利。猴子如一旦得到满足其老虎本能的权力，就比什么东西都坏。关于这种猴子，伏尔泰（Voltaire）曾经给我们描写过。

巴黎公社在四月七日，发布了以报复相威吓的训令，并认为自己的责任，是在于"保护巴黎不再受凡尔赛强盗的虐杀，并要求以眼还眼，以齿还齿"。但在这以后，梯亥尔对于被捕者的野蛮行动，还是依然如故；他还是那样地侮辱他们，在他的日刊上说"忠实人可怜的目光从没有见过再要坠落些的面孔，再要坠落些的民主派"。这所谓忠实人，正是像梯亥尔及其领着赦书的党徒之类的人！可是枪杀被捕者的行动暂时是停止了。但当梯亥尔同他的将军们——一八五一年十二月政变的英雄——知道了巴黎公社的报复的布告不过是一种恐吓，没有发生实际结果，知道了就是混进国民军中以后被捕的侦探以及带着放火的弹药因而被捉的警察,也遭到赦免;于是,他们又开始大批枪杀被捕者,一直继续到最后。国民军躲藏的房子,被卫兵所包围,四周灌以洋油(在这次战争中,第一次用到了它)加以焚烧;烧焦的尸身,后来为台尔恒街印刷所的救护站所运出。四月二十五日在贝尔爱彬被马队缴械的四个国民军兵士,被这马队的队长(值得加里弗的赞扬的)一个个枪毙了。其中有一个兵士叫希勿尔(Scheffer)的,虽中枪而实未死,他拼命地蛇行至巴黎炮台,将这件事实告诉了公社的一个委员会。当托兰(Tolain)对于这一委员会的报告向军事总长李弗洛提出质问时,"地主议会"的代表们,竟用狂喊的声音盖住他的发言。并且,不准李弗洛去作答复:竟敢说起他们"光荣的"军队的行动来,这简直是侮辱!当梯亥尔的刊物以肆无忌惮的口气登载出在母林沙盖(Moulin Saquet)打死睡着的公社社员、在克拉马尔(Clamart)实行大批屠杀的消息时,就是向来不大有感觉的伦敦《泰晤士报》也觉得有些刺眼。但是要一一数出炮击巴黎、在外国侵略者保护之下发起奴主暴动的那种人底暴行,那简直是无效的尝试。在所有这些暴行中间,梯亥尔把他关于自己的那矮子肩膀所负担的可怕责任之国会辞令忘记了。他在他的刊物上骄傲地说道,会议很和平地召开着(I Assemblee siege Paisiblement),并且以他同自己将军们(十二月政变的英雄们)以及同德国学者们的欢宴,来证明他的胃口非常好,就是莱康德与克莱孟汤姆的鬼影也不能使它受到丝毫的损失。

三

一八七一年三月十八日早晨,巴黎为"公社万岁!"的如雷的喊声所惊醒了。但公社，这给予资产阶级的脑筋以如此难题的士芬克斯①（Sphinx，希腊神话中人头兽身的怪物——译者）究竟是什么东西呢？

在中央委员会三月十八日宣言上面说道："巴黎无产阶级，看到统治阶级的失败与叛变，知道他们应该起来将社会事务的管理权拿到自己的手里以拯救国家的时间，已经到来了。……他们懂得他们有至高的责任与绝对的权利来做他们自己命运的主人翁，并把政权拿到自己的手里。"

但是工人阶级不能简单地夺取现成的国家机关而运用它来达到自己的目的②。

---

① 现通译为斯芬克斯。

② 马克思在这里明白陈述巴黎公社底根本教训之一。马克思与恩格斯以为这个教训是有伟大的意义的，这从他们在一八七二年六月二十四日写的《共产党宣言》序文中所说的话就可很明显地看出来。在序文中说，《共产党宣言》底纲领，"在某些地方是过时了的。特别是巴黎公社证明了：工人阶级不能简单地夺取现成的国家机关，而运用来达到自己的目的。……"

对于这一点，列宁写道：

"非常令人注意的一件事，就是恰恰这个重要的修改被机会主义者曲解了，而《共产党宣言》底读者即使没有百分之九十九大概也有十分之九不明了这个修改的意思。对于我们上面所摘引的马克思底名言之流行的庸俗的'了解'，在于认为：似乎马克思在这里着重迟缓发展底观念而与夺取政权对立起来，诸如此类等等。

"实际上正是相反。马克思底意思就在于：工人阶级应当破坏并打碎'现成的国家机器'，而不仅限于简单地夺取这个机器。

"一八七一年四月十二日，就是说，正在巴黎公社的时候，马克思写给顾格曼的一封信里说：

"……如果你读到我的《拿破伦第三政变记》一书最后一章，你就可以看见我认为法国革命以后的企图，是在于：并不是把官僚和军事的机器从一手转交他手，如今日以前一样，而是要破毁它。而欧洲大陆上任何一个真正的民众革命之先决条件，正是如此。我们英勇的巴黎同志们底企图，也恰恰就在这里。"（马克思致顾格曼书信集，俄文至少有两种版本，其中有一种版本是由我校订并由我作序的。）（转下页）

集中的国家政权及其到处存在的、基于系统的与阶层的分工原则而建立起来的机关（常备军、警察、官僚、僧侣与法官），自绝对君主时代起即形存在，那时它是充当新兴资产阶级社会向封建制度作斗争的有力的武器。但贵族的与地方的特权、城市的与行会的垄断以及各省的法规——一切这些中世纪的废物阻止了它的发展。十八世纪法兰西革命的大扫帚，把所有这些陈旧的肮脏的东西一扫而尽，并为现代的国家建筑廓清了社会的基础。这座建筑，在第一帝国时代（这帝国本身是在旧的半封建欧洲联合反对法兰西的战争①中造成的）已经成立起来了。在统治形式往后的发展中，政府服从了国会的统治，即服从了资产阶级的直接的统治。它一方面变成了广大的国债与重税的出产所，它所擅有的行政力量、收入与位置，吸引了统治阶级中的竞争的党派与冒险家，使他们把它变成了争夺名利之场；另一方面，在社会经济变动的影响之下，它的政治性质也变动了。随着现代工业的进步，使资本与劳动的对立往前发展与深入，同样的国家的政权，也愈是获得了奴役工人阶级的社会权力的性质，即阶级统治的机器的性质。每一次革命表示出阶级斗争已经进了一步，在每一革命之后，国家政权的纯粹压迫性质也愈是表现得明白了。一八三〇年的革命，把政权从土地所有者的手里夺下来交给了资本家，就是说，从工人阶级较远的敌人手里夺下

（接上页）"'破毁'（官僚和军事的国家机器）这几个字，已经把马克思主义关于无产阶级在革命中对国家的任务问题之主要的教训简明地表白出来了。现在盛行一时的考茨基主义在对于马克思主义的'解释'中所完全忘却了的，并且公开曲解了的，也正是这个教训！"（列宁：《国家与革命》，中译本"解放社"版《列宁选集》，第十二卷五二页）——编辑部注

① 这是英、俄、普、奥及西班牙等国联合起来反对革命的法国之战争，后来是反对拿破仑第一底帝国的战争。——编辑部注

来交给了它的较近的敌人。资产阶级的共和党人，以二月革命的名义夺取了国家的政权，并且利用了这政权举行了六月的屠杀，这种屠杀告诉了工人阶级，所谓"社会的"共和国，不过是共和国对于他们的社会的奴役，同时又告诉了保皇派的有产者与土地所有者阶级，他们可以安心地把管理的麻烦与其全身的利益交给有产者的共和党人。但是，在这一次六月的大事业之后，有产的共和党人不能不从"秩序党"的首列退到最后一列，——一种由有产阶级所有各个敌对的党派组织起来的联合，他们现在同生产阶级公开对抗：他们共同管理的最适宜的形式，是那以拿破伦为总统的国会主义共和国。这是一个狂暴的阶级恐怖的政府以及有意侮辱"下流群众"的政府。照梯亥尔讲，国会主义共和国，是使统治阶级的各派别最少分裂的一种统治形式，可是它在人数很少的阶级与生活于这阶级之外的全部社会机体二者之间，却挖了一条鸿沟。如果在从前的时候，统治阶级内部的争执使国家的政权受相当的限制，那末，现在因为有产阶级的联合，这种限制已经没有了。由于无产阶级的起义的威胁，联合起来的有产阶级，使狂暴地、无情地利用国家的政权，作为全国内资本压迫劳动的武器。但是，反对生产者群众的十字军的征伐，一方面不能不以更大镇压抵抗的权力给予行政当局，另一方面，又从国会的堡垒（"国民会议"）逐渐剥夺它反对行政当局的一切工具，结果，代表这行政当局的拿破伦第三驱散了这些有产阶级的代表。所以，第二帝国实是"秩序党"的共和国的自然结果。

这一以国家政权为诞生证书、以普选为批准、以宝剑为玉笏的第二帝国，声称要依靠于农民，即依靠于那没有直接参加资本与劳动间的斗争之广大生产群众之上。帝国自称是工人阶级的救主，其根据是说它破坏了国会主义以及与之一起的政府对于有产阶级的公开的服从，同时它又自称为有产阶级的救主，其根据是说它拥护有产阶级对于无产阶级的经济的统治。最后，它声称要联合一切阶级于国家光荣的、重新复活的怪物的周围。事实上，在资产阶级已经失去了统治能力，而无产阶级尚未得到这种能力的时候，帝国是唯一可能的统治的形式。全世界欢迎这帝国，把它看作是社会的救主，在它的统治之下，资产阶级社会解除了政治的顾虑，达到了它所梦想不到的这样高度的发展，工商业大大地扩张起来，交易所的投机，庆祝着自己纵横世界的欢乐；民众的贫困，同无比的奢侈（用欺骗与犯罪得来的），尖刻地互相对照着。表面上高高立在社会之上的国家政权，实际上正是这一社会的最大的耻辱与一切可鄙东西的养成所。渴望把这一统治制度的重心从巴黎移到柏林去的普鲁士刺刀，将这国家政权及其所拯救的社会之一切腐败都揭露出来了。帝国主义（是指法国帝国的统治形式，即拿破伦主义——译者）是新兴资产阶级社会所建立的国家政权（这政权会为它用来作为从封建社会解放出来的工具，并且在它完全发展时，转成替资本奴役劳动的工具）之最娼妓化的最后的形式。

公社是同帝国直接相反的。巴黎无产阶级用了欢迎二月革命的"社会共和国万岁"的呼声，不过是表现出他们要想建立这种共和国（这共和国不但要消灭阶级统治的专制公式而且要根本消灭阶级的统治）的模糊的倾向。公社就是这种共和国的确定的形式。

巴黎曾是旧政权的驻在地与中心，同时也是法兰西工人阶级的社会中心。这个巴黎，拿着武器实行起义，反抗梯亥尔及其地主议会要将帝国所遗传下来的旧政权恢复起来并传之百世的那种企图。巴黎之所以能够抵抗，只是因为在普军的围困之下，它没有了军队而有国民军来代替，这种国民军，大部分是由工人组成的。这事实必须成为坚固的制度。所以公社的第一条命令，就是关于废除常备军代之以武装民众的命令。

公社是按照普选制，由巴黎各区域选举出城市代表来组成的。他们是完全负责的并且随时可以更换的。他们的大多数自然都是工人或被认为是工人阶级的代表，公社应当不是国会的机关，而是工人的集体，联合立法权与行政权于一身的[①]。向来为国家政府的工具之警察，立刻被革除了它的一切政治机能而变为公社的负责机关，随时可以调换。其他一切行政机关的官吏也是一样。从公社委员起，自上而下一切为社会服务的人员，都只给以工人的工资。一切国家最高官吏的特权与办公费，现在都随着这些官吏本身的消灭而同归消灭了，社会的任务，不再是中央政府宠儿的私产了。不仅是城市的管理，而且一切向来属于国家的主动

---

① 公社是一个新形式的国家，关于这种特征，列宁写道：

"'不是议会的而是工作的'机关——这是直接对准着现代社会民主党议员们和国会'守房门的小狗们'说的！请看任何一个议会的国家，由美国至瑞士，由法国至英国、挪威等等：真正的国家大事是在后台办理，而且由各行政部、事务处、参谋部执行的。而在国会里，仅仅借空谈来达到愚弄'平民'的特殊目的而已。

'巴黎公社'采用了新的制度来代替资本主义社会底卖身的腐败的代议制，在这种新的制度之下，判断和讨论的自由，就不是一种骗人的勾当；因为代表们必须自己工作，必须自己执行他们自己的法律，必须自己来检察实际生活所得的结果，而且还必须自己直接来对选举者负责。代表机关此地还存在着，可是作为一种特殊系统、作为立法和行政底分工以及作为议员们之特权位置的这种代议制，已经没有了……

"要把官吏制度到处立刻彻底消灭，这是谈不到的。这是一种乌托邦。但是一举而把旧的官吏机关打破，而立刻开始建设一个新的组织，使渐次能够消灭一切官吏制度——这并不是一个乌托邦，这是'巴黎公社'底经验，这是革命的无产阶级之直接的当前的任务。"（列宁：《国家与革命》，中译本"解放社"版《列宁选集》第十二卷，四五、四七、四八页）——编辑部注

权，都归于公社了。

在消灭常备军与警察（旧政府的物质权力的武器）之后，公社立刻开始摧毁精神压迫的工具，即教会的力量。它下令解散并没收一切拥有财产的教会。教士们应当回复到他们前辈（使徒们）所过的刻苦的生活中去，依赖善男信女的慈悲来生活。一切学校脱离国家与教会影响，大家可以免费进去。这样，学校教育变成了大家可以享受的东西。科学上被阶级成见与政权所加上的桎梏，也被揭去了。法官的表面上的独立（实际上不过遮盖他们对于交替着的政府的服从）也被取消了。他们对于每一政府，曾经宣誓尽忠到底，可是对于每一政府，也曾经叛变不顾，他们像社会的其他公仆一样，现在也变成公开选举的、负责的与可以调换的了。巴黎公社，自然应当是法国一切大工业中心的榜样，公社建立于巴黎与其他次要的中心，那集中的政府，在各省也要让位给生产者的自治机关。在公社尚未能详细规划定当的全国公社组织大纲中，明显地说明公社甚至应该成为最小乡村的政治形式，而全国常备军，应由短期供职的民兵来代替。在一区的主要城市召集的全权代表会议，应当管理这一区内一切乡村会社的公共事务。而这些区的会议，应当派全权代表到召集于巴黎的全国代表会议上去；全权代表严格遵守选民的指令并且任何时候可被更调。其余尚被留给中央政府的不多可是重要的那些职能是不应当被废除（说废除是故意胡说）的，而是应该转交给公社的即完全负责的官吏。国民的统一不但不因公社的建设而破坏，反因这建设而组织起来。由于国家政权的消灭，这种统一变成了真正的统一，这种国家政权，虽自以为是这统一的具体的表现，自以为是超于国民之上，离国民而独立，可是实际上却不过是国民身上的寄生虫而已。在破坏了只为压迫之用的旧政权机关之后，公社便从这个自以为是超越社会之上的政权手里，夺下它的合法的职能，而把它们交给负责的社会公仆。现在不是像以前那样,人民三年一次或六年一次选举某一个统治阶级分子,到国会①中去代表人民与压迫人民,现在普选权应当为那些组织于公社中的人民服务,正像个人的选举权为雇主服务,替他企业挑选工人、管理员与管账员一样。大家知道,社会正像个人一样,常常能够为其自己的实用事业找到适当的人选,就是有时犯了错误,也能够很快地把错误改正。另一方面,公社依照它的本质,自然反对把等级的官职授任去替代选举制。

新的历史创造的通常命运,是在于它们(新的创造——译者)往往被人家看作是旧的、已经过去的、同它们有些相像的社会生活形式之照像。新的公社也是如此。破坏了现代国家政权的巴黎公社,也被人家看作是在这国家政权发生以前存在的并且以后为这国家政权基础的中世纪公社之复活。人们很错误地以为公社的建设,是企图以小国家的联合(孟德斯鸠与基龙特派②曾梦想了这点)去代替大的民族的统一,这种统一虽是用暴力造成,但现在却已成为社会生产的有力的因素了。人们也错误地以为公社与国家政权的对立,是反对过度集中的旧斗争的扩大形式。在某几个国家内资产阶级政府形式的充分发达(法国是其标本),曾为某些特殊历史条

---

① 关于议会制度的这一个特征,列宁写道:

"马克思对于代议制这一种特出的批评,由于现在社会国家主义和机会主义的统治,也被人'忘却'了。……

"每数年一次去解决统治阶级中何人应当在国会中来摧残和压迫民众——这便是资产阶级的代议制的本质,不仅在国会制的立宪的君主国里是选择,即在最民主的共和国中也是这样。"(列宁:《国家与革命》,中译本"解放社"版《列宁选集》第十二卷四四、四五页。)——编辑部注

② 基龙特派是法国大革命时代工商业资产阶级的政党。他们要使革命失去领导,要削弱革命力量的集中,所以企图把法国转化成为一个联邦国家,并破坏革命巴黎之领导作用(在巴黎甲可宾派——激进小资产阶级政党——所领导的市社,成了革命群众反对基龙特反动的革命斗争组织中心)。——编辑部注

件所阻碍，这些条件如在英国就造成这种情形，就是，主要的中央之国家机关，还有纳贿藏垢的教育委员会、自私自利的市政委员，城市内贫穷法的狠心的督察者与乡村中实际上世袭的法官来加以补充。公社的建设将能把那些直到现在为这"国家"寄生虫所吮取的力量（这寄生虫依社会为生并阻止社会的自由发展）重新还给社会。只此一点，它便足以帮助法兰西的复活了。

各省城市的资产阶级，以为公社是企图恢复路易斐立伯时代他们对于乡村的统治，这种统治，在拿破伦第三时代，是被乡村对于城市的假装的统治所排除了。实际上，公社的建设是要将乡村的生产者放在他们区域的主要城市的思想领导之下，并在那里保证有那些城市的工人来作为他们利益的天生的代表。公社存在的本身已经自然而然地包含了地方自治，但这地方自治，已不再和那种现在已经无用的国家政权相对立了。只有俾斯麦那种人，这种人，除了以铁与血为首的阴谋以外，常时喜欢重操旧业，为那个适合于他思想力的《Kladderadatsch》杂志（柏林的滑稽杂志）撰文。——只有这种人，才会想到说，巴黎公社本质上是要仿效普鲁士的城市组织（这种组织实是一七九一年法兰西城市组织的滑稽模仿，它使城市政府变成普鲁士国家警察机关的附属轮子）。

在消灭了军队与官僚的两大宗用款之后，公社实现了一切资产阶级革命的口号，——廉价的政府。公社存在的本身，便是专制政体的否定，这专制政体，至少在欧洲是阶级统治的经常的重负与不可免的假面具。公社给共和国筑下了真正民主机关的基础。但是，不论是"廉价的政府"或是"真正的共和国"，都不是它的最后目的，两者都不过是它的附带物而已。

对于公社的解释之多以及公社内所反映的利益之多，证明出它是异常生动的扩展的国家形式，而一切以前的政府形式，则在他们本质上都是压迫性的。公社的秘密，就是在它本质上是工人阶级的政府，是生产阶级反对占有阶级的斗争的结果，是最后终于发现的、并在其中能够完成劳动底经济解放之政治形式。①

如果没有完成劳动底经济解放的条件，那末公社的建设将是不可能的东西，将是一种幻想。生产者的政治统治决不能与他们社会的奴隶状态的永久化并肩而存。所以公社应当是一种工具，能用来根除阶级存在及阶级统治所依据的经济基础。只要劳动一解放，大家就都是工人，于是生产的

---

① 列宁分析了马克思从巴黎公社经验中所得到的极端重要的教训。他写道：

"乌托邦主义者，从事于各种政治形式之'发明'，使社会主义的社会的改造得在这些政治形式之下实现。无政府主义者，则对于任何政治形式的问题都置之不理。现代社会民主党底机会主义者认为代议制的民主国家底资产阶级的政治形式，是不可超越的界限；他们在这个'标本'之前祈祷，碰破了头额，并且把每一个打碎这些政治形式之企图，都称为无政府主义。"

"马克思从社会主义和政治斗争之全部历史中得一结论说，国家是必然要消灭的，而国家消灭之过渡时期（从有国家到没有国家的过渡时期）底政治形式，就是'组成为统治阶级的无产阶级'。但马克思并不去发明这个未来的政治形式。他只限于确切地考察法国历史分析它，并且在一八五一年得出结论：说，事情是在于进到打碎资产阶级的国家机器。"

"当无产阶级底群众运动爆发了的时候，虽然这个运动是失败的，短期的，而且显然是孱弱的，而马克思却开始去研究，这种运动究竟发现了什么政治形式。"

"'公社'是由无产阶级革命'终究发现了'的形式，在这种形式之中，劳动底经济解放是可以实现的。"

"公社是无产阶级革命打破资产阶级的国家机器的第一次企图，并且是'终究发现了'的政治形式，这个政治形式是可以而且必须来代替已破坏的国家机器的。"

"我们在后面可以看到，俄国一九〇五年和一九一七年的革命，在不同的环境之中和不同的条件之下，继续着'巴黎公社'底事业，并且证实马克思那种天才的历史分析之正确。"（列宁：《国家与革命》，中译本"解放社"版《列宁选集》第十二卷，五五—五六页）——编辑部注

劳动不再是某一阶级的特征了。

奇怪的是：虽然最近六十年内，关于劳动解放的著作与言论屈指难数，可是，只要工人们在某一地方把自己的事拿到自己手里的时候，立刻就发生了现代社会（这社会带着资本与雇佣劳动的奴役之两个极端，在这社会中，土地私有者不过是资本家的不作声的伙伴而已）拥护者的辩护的圣歌。

似乎资本主义社会，还在处女的纯洁与天真底时代！似乎它的对立还没有发展，它的自欺还没有炸破；它的娼妓化了的实际还没有被揭破！他们说，"公社，——要破坏为一切文明基础的私有财产！"是呵，亲爱的先生们，公社曾要破坏将多数人的劳动变为少数人的财富之阶级私产；它曾要剥夺剥夺者；它曾要使现在主要成为奴役劳动的工具与剥削劳动的工具之生产手段、土地与资本变为自由的与联合的劳动工具，以造成真正的个人的私产。

但是，这是共产主义，这是"不可能的"共产主义！可是，在统治阶级中竟有些人（而且这些人也并不少）懂得现在的状况是不能长久存在下去的；他们变成了合作生产的到处传播、大声疾呼的鼓吹者了。如果这种合作生产不是一句空话，不是一种欺骗，如果它应当排除资本主义制度，如果这种联合能依照整个计划来组织全国生产，把它拿来自己管理，并以此方法去终止在资本主义生产下所不可免的经常的无政府状态与定期的恐慌，——那我们试问你们，亲爱的先生们，这是共产主义，"可能的"共产主义不是？

工人阶级并没有向公社要求奇迹。工人阶级并不想用民众的决定去实现现成的与完满的乌托邦。他们知道，为得到他们自己的解放，为要达到现代社会因本身经济力量的发展而强烈的追求着的更高生活的形式，它必须经过坚持的斗争，经过完全改造人与环境的许多历史过程。工人阶级不是要去实现理想，而是要去解放那些在旧的崩溃着的资产阶级社会中已经成长起来的新社会元素。

完全知道自己历史使命并充满英勇决心来完成这种使命的工人阶级，将以厌恶的微笑去回答那些奴仆的新闻记者的恶骂，去回答那些借着科学正确性的奥妙口气说出愚昧滥调与宗派枉谈的资产阶级好心信条主义者的博学的教训。

当巴黎公社负担了革命的领导，当简单的工人第一次决定侵犯到自己"天生主人"（有产阶级）的特权，即其管理的特权之时，他们是在空前艰难的条件之下进行工作的，他们很虚心地、很诚意地而且很有成绩地执行他们的工作；他们报酬的最大限度，没有超过伦敦学校委员会书记所得薪金（如科学界的权威黑胥黎所说之数）的五分之一。但当旧世界看到红旗——劳动共和国的象征——飘扬于市政厅时，它真是气得发抖了。

这是工人阶级被公开承认为唯一的尚有社会创造力的阶级之第一次的革命。就是巴黎的中等阶级——小贩、手工业者、商人，也都承认这一点，只有有钱的资本家是除外的。公社很聪明地解决了常为小资产阶级内部争论原因的债权与债务问题，而拯救了这一阶级。① 这一部分的小资产阶级曾参加了一八四八年对于六月工人暴动的镇压，可是接着不久立宪会议便立即毫不客气地使他们成为他们债主的牺牲品。但他们走到工人方面来不但是为了这一原因，他们还感觉到在他们前面只有两条路，或者是公社，或者是帝国，不论其所打的招牌是什么。帝国盗窃社会财富，保护交

---

① 国民军底中央委员会，在三月二十日还把期票之支付延期至一八七一年十月一日。在四月十八日，巴黎公社颁布命令，所有债务延期三年偿还。——编辑部注

易所投机事业，用人工方法促进资本的集中，并因此而引起了一大部分中等阶级遭受剥夺。这样，在物质方面，帝国只能使中等阶级破产；在政治上，帝国压迫中等阶级；在道德上，它奢华浪费，使中等阶级恼怒。它将中等阶级子弟的教育交给"无知之徒"，侮辱伏尔泰的思想（即思想自由，仇视教会与宗教的思想——译者）；它把中等阶级抛入于战争之中，而经过战争的一切灾害后所得之报酬，却只是帝国的颠覆，因而又激怒了中等阶级的民族感情。自拿破伦第三的高等官僚与资本家的狐群狗党自从巴黎出奔之后，以"共和主义者联盟"（Union Republicaine）名义出现的中等阶级的真正"秩序党"走到公社的旗帜之下，拥护公社，反对梯亥尔的诬蔑。至于这种中等阶级的群众能否支持渡过现在的难关，那将来就会知道。

公社有充分的权利对农民说："我们的胜利，就是你们的希望！"凡尔赛所放出的，欧洲报馆的高贵浪人所传给全欧洲的最下流的诬蔑，是说国民会议中的地主，是农民的代表。法兰西的农民，对于他们在一八一五年后不得不偿与十万万赎金①的人突然发生爱情，这不是该当的吗？从法兰西地主眼中看来大土地私有者的存在，本身就是对于他们一七四九年的胜利之掠夺。一八四八年，有产者更对农民土地征收附加税，一法郎加征四十五生丁②，可是这事他们却是以革命的名义来做的。

---

① 在拿破伦第一颠覆之后，波旁王朝重复当权，它决定对于法国贵族在法国大革命时代被削夺的土地，给予赔偿。偿给贵族的款项，计十万万法郎。——编辑部注

② 一八四八年，资产阶级的临时政府加征"四十五生丁附加税"，其目的是要引起无产阶级与农民阶级之摩擦。政府借口养活工人的必要来作为征收此税之理由。对于农民所征收的税，增加了差不多百分之五十，这使农民起来反对革命与共和国。——编辑部注

现在他们却挑起反革命的国内战争，为的要把他们所应支付给普鲁士人的五十万万赔款的主要重负，加到农民肩上。而公社则相反的，在他一个最初的宣言上面就声称，战争的重负，应当由它的真正罪人来担当。公社要解放农民的"血租"，给他以廉价的政府，用公社自己选举出来而且对公社负责的、雇佣的公社官吏去代替那些吸血鬼，如公证人、律师与法官之流。公社还要给他们除去乡警、宪兵与公所的专横；公社还要用启发他们的学校教师去代替那些麻木他们头脑的牧师。法兰西的农民，首先是会打算盘的，他会觉得，如果付给牧师的钱，不是由收税者来征取，而是依照教区内人民信教的程度自动捐助，那末这将是非常合理的吧。这就是公社的统治（只有公社的统治）所能直接给予法兰西农民的重大利益。所以在这里用不着再多讲只有公社才能够（而且应当）为了农民利益去解决的那些更复杂与切实的问题了。这些问题：例如像恶魔一样笼罩在农民土地上的抵押债款问题，关于日益增加的乡村无产阶级的问题，关于因新式农村经济的发展与资本主义的竞争而日渐加速的农民本身的剥夺的问题。

拿破仑第三是被法兰西农民选举为共和国的大总统的，而"秩序党"[①]却组织了第二帝国。在一八四九年，法兰西的农民，到处拿他们的首长去与政府的地方官对立，拿他的学校教师去与政府的教士对立，拿他自己去与政府的宪兵对立，这已经开始表示出他实际上所需要的是些什么。一八五○年正月、二月内由"秩序党"颁布的反动法律，据他们自己承认，是反对农民的。农民原是拿破仑的信徒，因为他把法兰西大革命和这一革命所给予他的利益，与拿破仑的名氏等同起来了。这种自

---

① 秩序党在一八四八年革命时，团集了保皇党的大资产阶级与地主。——编辑部注

欺，在第二帝国之下，很快地消失了。过去的成见（在实质上农民是仇视地主的），难道能够抵抗适合于农民切身利益与急迫需要的公社之号召吗？

地主们很知道（这是他们所最害怕的），如果公社的巴黎能同外面各省自由传达消息，那末只要三个月，就会引起全体农民的起义。所以他们如此怯懦地急于用警察来封锁巴黎，以阻止传染病的散布。

公社实是法兰西社会中一切健全分子的真正代表，所以它是真正国家的政府。但是，又因为它是工人的政府，劳动解放的勇敢的先驱者，所以它又是十足的国际性的。在归并法兰西两省（亚尔萨斯与劳伦两省。——译者注）于德意志的普鲁士军队的面前，公社却使全世界的工人归于法兰西方面。

第二帝国是全世界混蛋的快乐节。各国的强盗闻它的号召都争先恐后地赶来，希图在其欢宴中、在对于法国民众的剥削中分尝一杯羹。就是在现在，梯亥尔的右手还是华拉兴地方的骗子盖尼思科（Ganesco），左手是俄国的侦探马尔科夫斯基（Markowski）。公社给予一切外国人以为的不朽事业而牺牲的那种光荣。在国外战争（因资产阶级的叛变而失败的）与国内战争（因它同外来征服者同施阴谋而引起的）的中间，资产阶级在全法国组织警察去残害德国人，以此来表现它的爱国主义。而公社却委任了德国工人充当劳动部长。梯亥尔、资产阶级、第二帝国，都用他们对于波兰人深表同情的大声叫喊，来经常欺骗波兰人，实际上他们是出卖波兰人给俄国，实行俄国的肮脏事情。公社尊重英勇的波兰子弟，使他们充当巴黎守护者的领袖。为着显豁地划出公社所自觉地开辟的历史新纪元，公社在普鲁士胜利者以及拿破仑军官所统率的拿破仑军队的眼前，推倒了战争光荣之伟大象征——凡登大柱。

公社伟大的社会设施，就是它自身的存在及其工作。它所采取的各种办法，只能表示出民众自己管理自己的发展方向。这类办法如：禁止面包工人夜工，禁止用种种借口处罚工人以减低工资（这是一身兼有立法、行政与司法权力的雇主的经常方法，他们把得来的罚金放到自己的腰包中），违者重罚。同类的办法还有：将在逃厂主或停工的一切工厂与作坊交给工人合作社，但厂主还有获得报酬的权利。

公社的财政上的设施是很机智与稳健的。它不得不限于适合城市被围情形的那种设施。在郝斯曼（Haussmann）治理巴黎时①，银行公司与建筑公司的主人，不知道盗窃了多少钱，当然公社没收他们财产的权利，比较拿破伦第三没收奥利恩（Orleans）皇宫财产的权利要大得多。何享佐龙皇室与英国的寡头统治者（他们的财产大部分都是剥夺教堂财产来的）当然是对公社大发雷霆，因为公社从没收教会财产上面所得的数目远不过八千法郎。

凡尔赛政府在它神思略为恢复、力量略为巩固之后，便即用最野蛮的办法，去反对公社。它镇压全法国一切言论自由，禁止大城市内的代表会议，在凡尔赛与全法国，遍布侦探，较第二帝国时代有过之无不及。它的宪兵检查员，焚毁一切在巴黎出版的报纸，拆着一切寄自巴黎与寄往巴黎的信件。在国民会议中，稍想说一句袒护巴黎的话，即被狂吠压倒下去，这种情形，就是在一八一六年地主议会中也是没有的。凡尔赛人不但对巴黎进行喋血的战争，而且还利用收买与阴谋，钻到巴黎去。在这种情形之下，公社如不欲耻辱地叛卖自己的令名，那末它怎能像在非常太平的时代那样保持自由主义的仪式和样子呢？如若公社政府是同梯亥尔政

---

① 在第二帝国时代，郝斯曼男爵是森县——即巴黎城底知事。他进行了许多新的街道与建筑物的工程。——编辑部注

府一样，那就没有理由在巴黎禁止"秩序党"的报纸，在凡尔赛禁止公社的报纸了。

自然，当"地主会议"的代表们宣布挽救法国的唯一办法，是使法国重新回到教堂怀抱中去的时候，不信上帝的公社，却发现了毕格普斯（Picpus）道院与圣拉伦特（St. Laurent）教堂的秘密①，这真使他们这些代表们发怒了。梯亥尔把荣誉勋章赏给拿破伦的将军们，因为他们善于打败仗，善于签降书，善于在威廉姆斯海卷香烟；可是，巴黎公社却把稍有不尽职嫌疑的军官，即刻撤职与逮捕，这对于梯亥尔不是一种讽刺吗？公社撤销并逮捕了那个在里昂曾因破产而受过七天监禁以后又用假名混进公社的公社社员之一，这事对于约尔·法佛勒（这位伪文件的赝造者，法兰西的外交总长，将法国出卖给俾斯麦并向无可比拟的比利时政府发号施令）不是有意的侮辱吗？但公社并不像一切旧政府那样，自以为毫无错误，公社公布了一切会议上的演词，公布它们一切行动；它将自己一切缺点告诉给民众。

在一切革命中，除了其真正代表以外还有另一种人。例如：一方面有些人曾在以前的革命中起过绝大的作用，同它们一起长大起来，因而不懂得现代运动的意义。可是，虽然如此，这些人由于自己的毅力、个人的特性或是由于简单的传统，还能对民众有很大的影响；另一方面还有些简单的清谈家，他们一年又一年地重复自己反对现存政府的、刻板的宣言，因而得到头等革命者的名义。这种人在三月十八日之后也出现了。他们尽力之所及起了头等作用，去阻止真正的工人阶级的运动，正像

---

① 在圣拉伦特教堂中，发现了一具被教士所强奸而活埋于墓穴中的女人骨骼。在毕格普斯道院中，借口说她们是癫狂，把妇女禁闭起来，她们也陷于同样的命运。——编辑部注

从前他们这样的人阻碍一切早先革命之充分发展一样。他们是一种不可免的恶事，只有经过一定时间才能脱离他们，可是这种时间公社却是没有。

公社好似用了奇迹，改造了巴黎。第二帝国的放荡的巴黎，现在毫无痕迹地消失了。法国的首都，不再是英吉利大地主、爱尔兰旅外的大地主①、美利坚以前的奴隶主与放浪者、俄罗斯以前的农奴主与华尔兴贵族等的集合场了；在暴尸场上，一个尸首也没有了；夜中盗劫也没有了，差不多没有过一次偷窃。自一八四八年起，巴黎街道第一次变成平安的了，虽然在街上简直连一个警察也没有。一个公社的委员说："我们已不听到杀害、抢劫及反对个人的犯罪了；看来似乎警察已把他们所有的保守的朋友都随身带到凡尔赛去了一样。"妖媚的女人，已跟了他们的保护者，那些拥有家庭、宗教，尤其是私产的逃亡者一起走了。代替她们的是真正的巴黎妇女，她们勇敢、大度并富于牺牲精神，正如古代的妇人。劳动的、思想的、斗争的与流血的巴黎，闪耀着对于自己历史创造的热诚的自觉，它完全致力于新社会的建设而差不多忘记了站在它城墙之外的吃人者。

同这巴黎的新世界对立的是凡尔赛的旧世界，这是一切陈腐制度的废物（渴望撕食民众尸体的合法派人与奥利恩派人）的集团，它还带上国民会议中拥护奴隶主暴动的那些共和党人所组成的尾巴；这些共和党人，希望因为立于统治首位的老庸医之虚荣，而能够保持他们的国会制度共和国，他们在约·特·伯姆（Jeu de Paume）球场②开他们的秘密会议来滑稽

---

① 爱尔兰旅外的大地主，指那些把他们底"收入"浪费于外国而几乎没有到他们田庄来过的爱尔兰地主。——编辑部注

② 这是网球场之名。一七八九年，国民会议在这个网球场中宣誓说：在未把宪法完成之前，即使国王下令，国民会议也不解散。——编辑部注

地模仿一七八九年（法国大革命那年——译者）。这个集团（代表法兰西一切腐朽东西的一具死尸）之所以还继续过着幽灵般的生活，只是因为有拿破伦派将军的刺刀来作为他们的支柱。巴黎全是真理，凡尔赛全是胡说。这胡说的高唱者，就是梯亥尔。

梯亥尔对赛纳与乌哀斯（Seine-et-Oise）省的市长代表团这样地说道："你们可以相信我的话，我从没有食言过。"关于国民会议，他说"它是法国从来所有议会中最自由主义的、最自由选举出来的一个"。关于他的庞杂部队，他说："它是世界的奇迹"，法国从所未有的"最好的军队"。他对各省的人说，轰击巴黎，这是无稽之说："如若落进了几个炮弹，那末这也不是凡尔赛军队放的，而是暴动者放的，因为他们要表示出他们是在战斗着，而其实他们是不敢稍一露面的。"后来他又向各省宣告道："凡尔赛的炮队并没有轰炸巴黎，只是将大炮向巴黎射击而已。"他向巴黎的主教说，人家骂凡尔赛人实行了枪杀与压迫办法，这一切全是谣言。他向巴黎声称，他"只不过要把巴黎从压迫它的可恶的魔王手里解放出来"，公社的巴黎，"只不过是一群罪犯而已"。

梯亥尔的巴黎，不是"下层百姓"的真正的巴黎；它是虚幻的巴黎，骗子的巴黎，男女游荡者的巴黎，有钱人的、资本家的、涂金者的、游手汉的巴黎；这巴黎，现在将它的奴仆、骗子、荡妇、文丐充满了凡尔赛、圣地尼（Saint-Denis）、吕哀尔（Rueil）与圣茄门（Saint-Germain），这巴黎把内部混战只当作有趣的消遣品，它从望远镜里观看战斗，计算放炮次数，并且用它自己及它娼妇的名誉来宣誓说：这里的表演，比较圣马丁（St.Martin）戏院中的表演还要好得多。死者真是死去，伤者的呼声也不是假造的，这种在他们面前演着的戏剧，真是世界历史的戏剧。

这就是梯也尔的巴黎,正好像柯布伦茨的逃亡,是台卡龙(De Calonne)的法兰西一般。①

四

奴隶主第一次企图用普鲁士军队占据巴黎的阴谋,因俾斯麦的拒绝而失败了。三月十八日第二次图谋的结果,是军队失败,政府以及全部行政机关逃亡到凡尔赛。梯也尔假装同巴黎进行和平谈判,争取时间准备作战。但他从哪里取得军队呢?战斗部队的残余,人数既少,又不大可靠。他发给各省的催促国民军与志愿军快来帮助凡尔赛的宣言,又得到了公开的拒绝。只有不列登派遣了一些"凶徒"(Chouans),这些人,胸上戴着白布的耶稣的心,在白旗下面进行战斗,他们战斗的呼号是"国王万岁!"这样,梯也尔只能匆匆忙忙地集合一些水手、海军、教主的武士、瓦伦顿的卫兵、皮脱里(Pietri)的警察与侦探等的庞杂队伍,假使没有逐渐到来的被俘的拿破伦军队,那末梯也尔的军队真是稀少得可笑(俾斯麦放回这样数量的法国俘虏,使得一方面他们能够进行国内战争,另一方面,凡尔赛不能不对普鲁士处于奴隶般的依靠的地位)。凡尔赛的警察,在战争时应当监视凡尔赛的军队,而宪兵却应当常常带着这军队,把他们送到最险要的地点上去。陷落的炮台,不是夺得的,而是购买得的。公社社员的英勇告诉了梯也尔,要克服巴黎的抵抗,他的战略天才既不够,他所统带的军队的数量也不够。同时,他同各省的关系一天一天变成更其不好了。凡尔赛没有接到一封同情信,能够稍为鼓励梯也尔及"地主"们的

---

① 柯布伦茨是法国大革命时代反革命贵族逃亡的中心地,台卡龙是一七八九年革命前夜的法国的宰相。——编辑部注

勇气。相反的，来自各地的代表与声请书，都以不大尊敬的口气，要求凡尔赛在无条件地承认共和国、确认公社的自由、解散已经满期的国民会议之基础上去同巴黎议和。代表与声请书，是如此之多，使得梯亥尔的司法总长杜福尔，不能不在四月二十二日通令上命令国家检察官把"主张议和的宣言"看成罪案。梯亥尔看到进攻巴黎没有希望，于是决定改变策略，指定在四月三十日，根据他指令国民会议通过的新法律，举行全国市政府的改选。他利用他的地方官的阴谋或他的警察的恐吓，相信各省的选举，必定会给国民会议以前所未有的权威，他更希望各省能给他以征服巴黎的物质力量。

除他的反对巴黎的强盗战争（为他自己公报上所赞美的）与他的总长们把恐怖满布于全法国的企图以外，他更决定用小小的议和的滑稽剧来作补充。这滑稽剧应当有几种作用，它应当欺骗各省区，吸引巴黎中等阶级到他这方面来，而最主要的，却是在于使国民会议中的假共和党人有可能用他们对于梯亥尔的信仰，来掩盖他们对于巴黎的叛变。三月二十一日当梯亥尔还没有军队时，他在国民会议中说道："不论怎样，我总不派军队到巴黎。"三月二十七日，他扬言："我就职于共和国已经成为既成事实之时，我坚决的保护它。"实际上他利用共和国的名义，镇压了里昂与马赛的革命①，他的"地主"们，一听到"共和国"三字，就用狂叫将它压倒下去。此后，他又把既成的事实认作是假定的事实。从前他所谨慎地从卜都遣散出去的奥利恩王子们，现在又在特里安（Dreux）捣乱，公开破坏法律。

---

① 在里昂，革命之爆发与公社之宣布是发生于三月二十二日；在马赛，是发生于三月二十三日；他们都迅速地被梯亥尔政府镇压下去了。在都鲁士（Toulouse）、那滂（Narbonne）与其他几个城市，也曾宣布成立公社。——编辑部注

梯亥尔在其对于巴黎人与各省代表的无数会议上所提出的条件,虽然口气色彩很多变换,但结果总不外乎必须"处罚那些杀死克莱孟汤姆与莱康德的一批犯罪者"。当然,这上面还加上一个不言自明的条件,即:巴黎与法兰西要承认梯亥尔自己为最好的共和国,正像三十年代时代梯亥尔承认路易斐立伯为那时最好的共和国一样。但是就是这些条件,根据他的总长们在国民会议上的官场的解释,还是可以怀疑的。他并不以此为满足,他还经过杜福尔去行动。旧日奥利恩朝的律师杜福尔,在被围情况之下,常常起了高等法官的作用。在现在一八七一年梯亥尔治下如此,在一八三九年路易斐立伯治下如此,在一八四九年拿破伦第三治下亦如此。当他不是总长时,他拥护巴黎的资本家,攻击他自己所颁布的法律因而发了财,并且得到了政治家的称号。他不满足于国民会议中所通过的许多压迫的法律(这些法律,在巴黎陷落之后可以用来消灭共和国自由的最后的残余),他预想巴黎将来命运而采取以下办法:在他看来军事法庭的审判程序还是太慢,他把这种程序缩短而颁布了新的残酷的充军法。一八四八年的革命,消灭了对于政治犯的死刑而拿充军来代替它。就是拿破伦第三也至少不敢公开地恢复断头台。凡尔赛的地主会议,还不敢说巴黎人不是起义者而是强盗,它于是不得不限于用杜福尔的充军法来反对巴黎。在这种情况之下,梯亥尔当然不能很久地延长他的议和的滑稽剧,因为这一滑稽剧引起了地主们疯狂的反对(实际上这正是他所希望的),而这些人,因为他们愚蠢,既不能了解他的把戏,又不能了解他的虚伪做作与迟延的必要。

看到四月三十日市政府选举快要到来,梯亥尔便于四月二十九日做了一次他的议和的把戏。在他所作的许多感情讲话的中间,他曾从国民会议的讲坛上说了这样的话:"反对共和国的,只有一个阴谋,巴黎的阴谋,这阴谋使我们不能不流法兰西的血。我现在再重复地说:让那些举起武器的人放下他们渎神的武器吧，那我们就会放下正义的剑来订立和平条约，被除外的，只是一小部分罪犯而已。"在答复打断他讲话的地主怒喊时他说道："先生们，敬请你们告诉我，难道我所说的话不对吗？难道你们因为我说了罪犯不过是一小部分人的公道话，而真的不好过吗？流莱康德与克莱孟汤姆将军的血的人，只是一些例外，难道这点你们不以为是我们不幸中之幸吗？"

但是，法兰西对于梯亥尔自以为具有妖妇歌唱的魅惑之力的演说，还是置若罔闻。在三万五千个公社所选举出来的七十万个市政府议员中，合法派、奥利恩派与拿破伦派合并起来还将不到八千人。补充选举与复选的结果，更表示对于梯亥尔政府的敌意。国民会议不但得不到它所必需的各省的物质帮助，而且还失去了他自己要求威望的最后的权利，即成为全法国普选制的表现的权利。为完成这个失败起见，全法国城市中所选举出来的市政府议员们，自己在卜都召集议会来威吓僭窃权位的凡尔赛议会。

为俾斯麦所久候的尽力干涉的时期，现在是到来了。他拿着发号施令者的口气，命令梯亥尔立刻派全权代表到法朗克府，去最后订立和平条约。梯亥尔自然卑怯地唯命是听地赶快执行了他的主人、他的上司的意志，把他的忠实的朋友约尔·法佛勒与波野尔·克尔底尔派到法朗克府去。波野尔·克尔底尔是路安地方纺织厂的"著名的"厂主，是第二帝国的热烈的甚至曲意奉迎的拥护者。在他看来，第二帝国除了那妨害他厂主利益的英法商约①之外，丝毫没有什么不好的地方。当梯亥尔在卜都任命他为财政总长之时，他开始对这"不幸的"条约实行攻击，以为这条约不久即须消灭。他甚至无耻到了这种地步，竟想重新采用旧的反对亚尔萨斯的保

---

① 拿破伦第三在一八六〇年与英国所缔订的商约，减低了对于英国货物的进口税。——编辑部注

护税制（虽然因为没有得到俾斯麦的允许，未能成功）。据他自己说，这在当时是没有任何国际条约来加以阻止的。这人把反革命看作是减低路安地方工资的工具，把对于各省区让步看作是提高他自己商品在法国价格的工具，这人，的确是约尔·法佛勒在他最后的终结其全部事业的卖国行动中最适当的同道者。

当这绝妙一对全权代表到了法朗克府之时，俾斯麦便以军人气概命令道："或者恢复第二帝国，或是无条件地接受我的和平条件！"他的条件，就是在于军事赔款，偿付期应予缩短，并且在俾斯麦以为法国情形还不能令他满意之时，普鲁士军队应予占据巴黎炮台。这样，普鲁士就被认为是法兰西内政的最高法官，而俾斯麦方面，则表示完全准备好释放被俘虏的拿破伦军队来消灭巴黎，并且在必要时，还可以用威廉皇帝的军队去帮助他。为了保证他决不食言起见，他将第一部分赔款的支付期延长到巴黎"平定"之后。梯亥尔及其全权代表，当然急忙地吞下了这种钓饵。五月十日，他们签订了条约，五月二十一日，由于他们的努力，条约已为国民会议批准了。

从订定条约到被俘的拿破伦军队回国的这期间，梯亥尔觉得比平日更有继续他的"议和"滑稽剧的必要。尤其必要的，是因为他的共和主义的走卒们，非常需要适当的借口，使得他们能够从手指的间隙中去观看对于巴黎的血腥屠杀的准备。五月八日，他在回答那些主张调停的中等阶级代表们时，还说道："只要暴动者答应投降，那巴黎的城门就可以洞开一星期，让大家（除杀死莱康德与克莱孟汤姆将军的凶手以外）进出。"

几天之后，当"地主们"要求他对这种允诺作一解释的时候，他竟置而不答，但是却很有深意地说道："对你们说吧，在你们的中间，有很多没有耐心的人，他们太过于性急了。请他们再等一星期吧，一星期之后什么危险也没有了，任务将看他们的勇气与能力来解决。"当马克马洪（Mac Mahon）答应他说不久即可进入巴黎之时，他即在国民会议中声明道：他将"拿着法律走进巴黎，强制那些流兵士之血、破坏公共纪念碑的混蛋清偿他们的罪恶"。当决胜的一分钟到来时，他对国民会议声明道，他对巴黎"决不留情"，巴黎的罪名已被判定，至于拿破伦派的强盗们，那末政府是答应他们任意去向巴黎报仇的。最后，当叛贼于五月二十一日给杜哀（Douay）将军打开了巴黎的城门之后，梯亥尔就于五月二十二日为"地主们"揭开了他们所死不懂得的议和把戏的"目的"。"几天以前我对你们说过，我们接近着我们的目的了；今天我来对你们说，我们已经达到了我们的目的。秩序、正义与文明，最后得到了胜利！"

对呵！这的确是胜利。当资产阶级制度下的奴隶们举行正义反对他们主人时，这种制度的文明与正义，方在真正的充满罪恶的色彩中表露出来了。那时，这一文明这一正义正是赤裸裸地野蛮的与非法的复仇。财富生产者与财富享受者的阶级斗争中的每一新的危机，都更明显地表示出了这一事实。与一八七一年空前的罪恶相较，甚至一八四八年资产阶级的暴行也相形见绌了。在凡尔赛人攻入城内以后，全部巴黎人民——男的、女的与小孩子——还整星期的以自我牺牲的英勇精神进行战斗，这种英勇精神，反映出他们事业的伟大，正像兵痞的野兽行动反映出为他们所保护、由他们来报复的那种文明的全部精神一样的明显。在战争之后，还是大批杀戮，结果，使得如何处理大堆死尸的事情成为困难的问题，这样的文明，真是伟大的文明啊！

如要找到近似梯亥尔与其刽子手们行动的例子，那就必须回头到苏拉与两个罗马得胜者的时代去。同样地不动声色地大批杀人；同样的刽子手对于牺牲者的年龄与性别丝毫不顾；同样地毒打被囚者；同样的流徙，不过这一次是反对整个阶级罢了；同样野蛮地搜寻隐藏起的领袖，使他们没有一个能存留下来；同样地把政治的与私人的仇敌告密；同样残忍地屠杀那些完全没有参加斗争的人们。所不同的，只是罗马人没有机关枪来整批地枪毙囚徒，他们没有"手执法律"口说"文明"那样罢了。

除了这些兽行之外，再来看一下资产阶级自己报纸所描写出来的资产阶级文明的更可耻的另一方面吧。

一个伦敦的保守派报纸的巴黎通讯员写道："远地里还响着枪声，受伤的人无人照顾，听其死于俾尔·拉希斯的墓石中间；六千个暴动者正在死亡前绝望地徘徊着，他们却迷路在曲折莫辨的墓穴之间；街道上穷追着不幸者，为得要用机关枪来把他们杀死。在这个时候，看到各种各样的老爷先生们在咖啡馆内作乐，饮着酒，打弹子，玩骨牌，妖冶的妇人在大街上走来走去，再在夜深人静之际，听到从富丽的酒馆的小房间中发出欢乐的叫声，这真不免令人气愤。"爱德华·爱尔维（Eduard Herve）先生在《巴黎报》（曾为公社封闭的凡尔赛的报纸）上写道："巴黎的居民！昨晚表现他们欢乐的方式，实不只是轻佻而已，我怕这样下去，一定还要更坏。如果我们不愿得到'堕落时代的巴黎人'的称号，那末，这种欢乐情形，是完全要不得的。"于是，他引用了泰采脱（Tacitus）的语句："看呵，在这个可怕斗争的第二天早晨，甚至更早些，在斗争还没完全终结以前，堕落的、腐败的罗马，又跌落到放荡的沼泽中去了。这种放荡毁坏了他的肉体，弄污了他的灵魂——这儿是斗争与创伤，那儿是餐馆与澡堂。"不过爱尔维先生忘记了他所说的"巴黎居民"是从凡尔赛、圣地尼、罗威尔与圣日耳曼大批奔回的梯亥尔的巴黎居民，骗子的巴黎居民而已；这真是"堕落时代的巴黎"。

这个根据于劳动奴役之上的可耻的文明，在每一次血腥胜利中，用那种回响于全世界的污蔑与毁谤的狂呼,去淹没为新的更好社会而奋斗、而牺牲的战士的喊声。公社时代快乐的工人的巴黎,在那些守卫"秩序"的血腥走狗的手下,突然变为地狱了。全世界的资产阶级,对于这种奇怪的变化作如何的评判呢?他们只是说,公社对于文明图谋不轨!巴黎的民众,为了公社视死如归,自古以来没有一次战斗死了这么多的人。这是什么意思?只是说公社不是民众的政府,而是一小群罪人用暴力夺来的政权!巴黎的妇人很高兴地死于巷战中,死于刑场上。这是什么意思?只是说公社的魔鬼把她们变成了马格尔(Magaeras)①与海加脱(Hecates)!在公社完全统治的整个两个月内公社的温和,只能与它保护自己的那种英勇毅力相比拟。这是什么意思?只是说,公社在两个月内只用它的温和与人道来遮盖它的恶魔般的对于血的渴望,使之能在临死的痛苦中自由地发泄出来!

巴黎的工人,在他们英勇的自我牺牲中,使火延烧了房屋与纪念碑。当无产阶级的奴役者一块一块地撕碎无产阶级的肢体时,他们休想得意扬扬地回到他们完好的住宅中去。凡尔赛政府大喊"放火!"并轻轻地告诉他的奴仆(一直到穷乡僻壤)以这类的口号:"搜杀我们的一切敌人,把他们当作简单的放火者。"全世界的资产阶级,很快乐地看着战斗之后大批人们的被杀,但当私人住宅被"弄脏"时,他们就勃然大怒了!

当政府正式核准海军去"格杀焚烧破坏"之时,这是不是核准放火?当英国的军队竟焚毁华盛顿的议院,焚毁中国皇帝的夏宫时,那是不是放火?当普鲁士人不是为着军事原因而是单纯由于恶意报复的念头,遍洒洋油(如在夏多顿)烧毁城市与许多村庄,这是不是放火?当梯亥尔在六个

---

① 马格尔,据古希腊神话,是复仇女神之一。一般是指强悍的女人。——译者注

国际工人联合会总委员会为法兰西内战告欧美各分会全体会员书

星期内炮轰巴黎而声称这仅仅是为着破坏那些有人居住的房屋之时,这是不是放火?在战争中间,火,是完全合法的武器。向敌人占据的房屋轰击,是为得烧毁它。当守御者不得不退出房屋时,他们就自动地烧毁它,使进攻者不能在房屋中巩固起来。妨碍任何常备军行动的一切房子,要遭遇不可免的命运——被焚毁,可是在奴隶反抗压迫者的战争中,这种行动却被看作是犯罪!公社完全把火当作防御(严格的意义)的工具;它利用火是为了不使凡尔赛的军队进到那直长的街道上(这类街道是奥斯曼有意为了便于炮击而建设的);它用火是为掩护它自己的退却,正像凡尔赛人进攻时利用他们的炸弹一样,这种炸弹所破坏的房屋并不比公社的火所焚毁的为少。一直到现在,还不清楚到底哪些房子是进攻者焚毁的,哪些是守御者焚毁的。而且,防守者只到凡尔赛军队开始大批枪杀俘虏之时,才着手用火。关于这一点,公社老早就声明,如果公社被逼到了极端,那他就要在巴黎废墟之下埋葬自己,使巴黎变为第二个莫斯科。这种预言,从前国防政府也曾说过,当然,它不过是用来作为掩盖自己叛变的假面具而已。为了这一点,脱罗秀曾经预备了很多的洋油。公社知道,它的敌人毫不顾惜巴黎人民的生命,可是对于他们在巴黎的住宅,却非常重视。而梯亥尔则宣称他将进行残酷的复仇行动。当一方面他的军队已经准备好作战,另一方面普鲁士军已经封锁了一切出口之时,他就高叫:"我将是无情的!赎罪需要高价,审判须要严厉!"如若巴黎工人的行动像凡达尔人[①]一样,那这将是决死防御的凡达尔主义而不是胜利者的凡达尔主义,有如破坏上古时代真正可贵的美术纪念物之基督教徒凡达尔主义那样。不过就

---

① 凡达尔人是德意志人之一种,在五世纪初期,侵入西班牙,占领其南部;四二九年侵占罗马所属的非洲;四五五年,却夺了罗马。凡达尔人做了许多粗暴破坏的行动。——译者注

是后一种凡达尔主义，历史也以为是可以原谅的，因为这是在新兴的社会同没落的社会作伟大的斗争时必不可免的而且比较不大重要的随从物。至于公社的行动，同那种为着给佚乐者肃清道路而破坏历史的巴黎之那种奥斯曼凡达尔主义相较，那更是不相像了。

那末公社杀死六十四个抵押者（其中有巴黎的大主教），这又是怎样一回事呢？一八四八年六月，资产阶级及其军队重新恢复了早已绝灭的、枪杀无抵抗底俘虏的军事习惯。以后，这种野蛮的习惯，在欧洲与印度，镇压一切民众起义之际，就多少被经常采用了。这显然证明，此种习惯确是真正的"文明的进步"！此外普鲁士人在法国重新采取了扣留抵押者的习惯，要使那些毫无罪名的人，以自己性命去为他人的行动负责。像我们所知道的，当梯亥尔在战争开始就采取枪杀被俘公社人员的人道主义习惯时，公社除了使用普鲁士人所采取的扣留抵押者的习惯以外，再没有其他的方法来拯救那些被俘者的生命。凡尔赛人之继续枪杀俘虏，实际上就是把他们抵押者处死。在马克马洪的侍卫以如此血腥的屠杀来庆祝他们进入巴黎之时，这些人的命又怎能再被饶赦呢？难道对于不愿一切实施暴行的资产阶级之最后防御手段——扣留抵押者——只是开玩笑吗？达尔波主教的真正凶手是梯亥尔。公社曾经不止一次提议将大主教与其他许多牧师来同勃朗基交换，可是梯亥尔却紧紧地拿住他不肯放手。梯亥尔对于这种交换坚决地拒绝了。他知道放了勃朗基是使公社有了首脑，而大主教的死尸较之活的大主教对于他更有用处。在这场合上，梯亥尔是仿效加文尼亚克（Cavaignac）的。加文尼亚克同他的"秩序保护者"，于一八四八年六月，是如何暴怒地责备暴动者杀死大主教阿富尔（Affre）啊！实际上，他们很知道，杀死大主教的，是"秩序党"的兵士！亲见此事的大主教手下的一位总牧师若克梅，于事情发生之后就立刻公开证明了这点。

"秩序党"在自己一切屠杀的血宴之后,总是散播了许多关于自己牺牲者的谣言,这只是证明出,我们的资产阶级认为自己是古代封建诸侯的合法承继者,这些诸侯,承认自己有使用一切武器来反对平民之权,可是当平民使用任何武器之时,则他们就以为是罪恶了。

统治阶级利用国内战争的帮助与外国征服者的保证来镇压革命底那个阴谋(对这一阴谋,我们已从九月四日起一直看到马克马洪的侍卫进入圣哥罗门为止),是以巴黎的大屠杀为其终结的。俾斯麦很自满地看着巴黎的废墟,并且,大致还以为这是一切大城市总破坏的"第一步",因为当地还只是一个简单的地主,还只是一八四九年的普鲁士"无双议会"的议员时,他就喜欢梦想这一点。他很自满地喜欢着巴黎无产阶级的死尸。在他看来,这不但是革命的绝灭,而且也是法兰西的消灭,这法兰西现在已经没有了首脑,而这首脑的取消正是法兰西政府自己干的。他的肤浅,正像其他一切荣贵的政治家一样,他只看到这件伟大历史事件的外表。难道你们在过去的历史上,曾经看到过征服者能够利用被征服的政府来作警察与雇用凶手以完成自己胜利的例子吗?普鲁士与公社中间,没有发生过战争。相反的,公社曾答应和平的初步条件,普鲁士也宣布了中立。这样说来,普鲁士不是交战的一方面。可是普鲁士的行动,却正如一个怯懦的凶手,因为它作了那种对他没有任何危险的凶事;又正如一个雇用的凶手,因为他预约好在巴黎陷落时,给他以五万万法郎的凶杀的代价。看呵,这就是上苍用十分道德的相信天神的德意志的手来惩罚无神的、放荡的法兰西之战争的真相!这就是从旧世界法律家的观点看来也是对于国际法的空前的违犯。可是这种违犯,却没有迫使欧洲的"文明"政府起来宣布那个为彼得堡内阁手内简单工具的罪恶的普鲁士政府是个犯法者;而却仅仅给了它们(指那些"文明政府")以讨论如下问题的口实,就是:他们应不应当把那些从巴黎双重包围中脱逃出来的不多几个的战争牺牲者移交给凡尔赛的刽子手？

在新时代最可怕的战争之后，战胜者与失败者的军队联合起来，来共同残杀无产阶级。这样的空前事件，并不是像俾斯麦所想的，证明那个正为自己开辟道路的新社会已经最后的失败，而只是证明旧的资产阶级社会已经完全腐化。旧世界所尚能做的最大的英勇事业，是民族的战争，可是现在看来，这也不过是政府的纯粹欺骗的勾当，其目的只是在于延缓阶级斗争；只要阶级斗争一爆发为国内战争的大火，这种战争便被抛置一旁了。阶级的统治已经不能拿民族的外套来掩盖了；在反对无产阶级时，许多民族的政府是一起的。在一八七一年的白色星期日之后，法兰西的工人与他们劳动生产品的享受者之间，已经不能有和平，不能有调解了。虽是雇用军队的铁腕一时能把这两个阶级平静下去，然而它们的斗争必要重新爆发，而且还要更厉害地展开起来。至于最后，谁是胜利者：是少数的享受者，还是最大多数的劳动群众？这一问题，是不能有什么怀疑的。法兰西的工人，不过是整个现代无产阶级的先锋队罢了。

在对于巴黎的镇压上面，欧洲各国的政府事实上表现了阶级统治的国际性，可是它们同时又向全世界高喊，这次不幸的主要原因是在于国际工人联合会，即在于反对全世界资本阴谋的国际劳动的组织。梯亥尔责骂这组织，说它是劳动的专制魔王，而说他自己是劳动的解放者。毕加尔则禁止国际的法国会员与其他国外的会员发生任何关系。已成木乃伊的老头儿萧培尔公爵，曾是梯亥尔在一八三五年的旧同事，他声称每个政府应该以消灭国际为自己的主要任务。地主们，国民议会的代表们，狂吼似的来反对国际，而欧洲的新闻界则一致加以附和。一个可敬的法国的作家，一个同我们国际工人联合会没有丝毫共同之点的人，关于国际，这样说道：

国际工人联合会总委员会为法兰西内战告欧美各分会全体会员书

"国民军中央委员会委员与公社的大部分社员，都是国际工人联合会最活跃、最清楚、最努力的首领……这是些完全忠实的、诚恳的、聪明的、富于自我牺牲精神的、纯洁的而且狂热（照字的好的意思讲）的人。"充满警察精神的资产阶级的成见，当然把国际工人联合会看作是一种秘密的阴谋的结社，说它的中央管理局时时指定在各国举行暴动。可是，实际上，我们的国际工人联合会，不过是联合文明世界各国先进工人的国际联合会罢了。不论哪里发生什么阶级斗争，不论这斗争采取何种形式，不论这斗争发生于何种条件之下，不论这斗争的内容如何，站在斗争的前线上的，自然总是我们国际工人联合会的会员。这联合会所由产生的基础，正是现代社会的本身。不论流洒多少鲜血，这联合会是不能被消灭的。要消灭它，各国政府首先应当消灭资本对于劳动的专制的统治，即首先应当消灭他们自身寄生性的存在的基础。

* * *

工人的巴黎与他们的公社将永远是被敬为新社会光荣的先驱者。它的被难者，将永远被记在工人阶级伟大的心坎之中。它的刽子手，已被历史钉上了耻辱牌，任何他们牧师的祷告都不能把他们取下来。

一八七一年五月十九日伦敦。

回眸经典——马克思主义：法兰西内战

马克思致顾格曼论巴黎公社的信

一

一八七一年四月十二日于伦敦。

如果你读到我底《拿破伦第三政变记》底最末一章，①你就可看见我说

---

① 在这里所发表的致顾格曼的信中，马克思对巴黎公社作了估计，认为公社是"有伟大意义的历史的实验，是世界无产阶级革命底某种前进，较之几百条纲领和讨论尤为重要的一个实践步骤。"（列宁：《国家与革命》）

列宁在一九〇七年写道，马克思的这封四月十二日的信，是"我们愿意看见每一个俄国社会民主党员与每一个识字的俄国工人都把它悬挂于家中壁上的一封信。"

在这封致顾格曼的信中，马克思把那些对马克思主义国家有非常重要的结论——这些结论，他是从巴黎公社底世界历史经验的基础上得出来的——陈述得更为正确，更为明了，更为优良。"

（如列宁所说）

"很明显地，马克思底四月的信（一八七一年四月十二日）表达了与第一国际总委员会在五月末（一八七一年五月三十日）的宣言中所包含的一样的思想。

"在《法兰西内战》一书中称为'现成的国家机器'，在一八七一年四月十二日的信中就称之为'官僚主义的军国主义的机器'；在《法兰西内战》一书中用'简单地夺取'这几个字所表达的，在一八七一年四月十二日的信中，又再陈述得更为正确，更为明了，更为优良：'从一手移转于他手'。此外《法兰西内战》一书所没有的一些补充，是特别显要的：不是把现成的'机器'从一手移转于他手，而是把它打碎。巴黎公社开始是干这件事，但可惜没有干到完成。"（列宁：《马克思主义论国家》马克思在四月十七日致顾格曼的信中，对于群众底历史的创造力估计得很高——列宁对于此点特别重视。列宁把这估计与俄国孟塞维克对于一九〇五年革命的估计相对比。他指出马克思与普列哈诺夫之间对（转下页）

了这样的话：法国革命底下一次的企图，不再是像从前一样，把官僚主义的军国主义的机器从一手移转于他手，而是要把它打碎；这是欧洲大陆上每一真正民众革命底先决条件①。我们英勇的巴黎党的同志们所企图的，就

（接上页）于这个问题是存在着巨大的鸿沟。普列哈诺夫在一九〇五年革命失败之后，达到了怯懦的机会主义的结论，说"他们原不应动用武器呵！"

"这位最渊博的思想家（他在六个月之前，就已经预料到失败）对于群众底历史创造力之尊敬，与无生命的、无灵魂的、迂腐的话——"他们原不应动用武器呵！"相较，岂不是有天渊之别吗？

"……马克思善于珍视这样的事实，就是：在历史中，含有这样的时机，群众甚至为一个无成功希望的目标而拼命奋斗，但这为了给这些群众以更进一步的教育，为了训练他们准备下一次的斗争，还是必要的。"（列宁：《马克思致顾格曼书信集》俄译本序文）

正如马克思从失败的巴黎公社底经验，得到了非常重要的教训，以充实他的国家学说一样，胜利的苏联无产阶级底更有意义的世界历史的经验，在列宁与斯大林之手内，成为把马克思对于革命、对于国家与对于无产阶级专政的学说更进一步地发展之丰富材料。——编辑部注

① 在《国家与革命》一书中，列宁对于马克思为什么将他的结论限于欧洲大陆作如下的解说：

"这在一八七一年的时候，自然是很明白的，那时英国还是纯粹资本主义国家底模范，而没有军国主义，就大体讲来，也没有官僚制度。因此，马克思便把英国除外，就因为在当时英国的革命，甚至于民众的革命，即使没有破坏'现成的国家机器'这一个先决条件，也有实现的可能。

"现在，是一九一七年，是第一次帝国主义大战的时代，马克思所说的那个例外，已经不适用了。世界上最大而最后的那两个无军国主义和官僚主义的盎格鲁撒克逊'自由'底代表者——英国和美国——已完全卷入全欧的污秽的血坑中去了，卷入凌驾一切和压服一切的官僚主义的军国主义的制度的血坑中去了。现在无论在英国和美国，'一切真正民众革命底先决条件'，便是打碎和破坏'现成的国家机器'（在一九一四年到一九一七年之间，这些国家已经准备了像'欧洲'一样的一般帝国主义的完备机器）。"

此外，列宁特别重视马克思使用"民众革命"这个概念，并给予如下的解释：

"在一八七一年，欧洲大陆上无论在哪一国家内，无产阶级都尚未成为民众底多数。把真正大多数的民众卷入运动旋涡中的'民众'革命，当时（转下页）

是如此。这些巴黎人，是有何等的机动能力，何等的历史的创造力，何等的自我牺牲的能力呵！经过了六个月的饥饿与破坏之后造成饥饿与破坏的，与其说是国外的敌人，不如说是国内的叛变，他们，在普鲁士的刺刀下面革命起来，好像法国与德国没有发生战争似的，好像敌人不在巴黎门前似的。在历史上，还从来没有过像这样伟大的例子。如果他们归于失败，那只是由于他们底"宽容的性质"。在最先维诺衣后来巴黎国民军底反动部分，都败退到凡尔赛之后，他们应该立即向凡尔赛进军。由于良心上的踌躇，他们丧失了时机。他们不愿发动国内战争，好像那恶毒的妖物梯亥尔还没有因企图解除巴黎武装而把内战发动起来似的。第二个错误：中央委员会为要让位给公社，而把权力放弃得太早。这又是由于"太过端正"以至流于疑惧！① 虽是如此，这一次的巴黎起义——即使它被旧社会底狼、猪和恶狗们所压倒——还是我们党从巴黎六月起义以来的最光荣的行为。将这些巴黎底"翻天覆地"的英雄们，与德意志普鲁士神圣罗马帝

（接上页）只有把无产阶级和农民包括在内才有可能。这两个阶级构成当时的'民众'。这两个阶级由于受'官僚主义的军国主义的国家机器'底压迫、践踏、剥削而联合起来了。打碎这个机器，破坏这个机器，便是'民众'的、大多数的工人和多数农民之真正利益，便是贫农和无产阶级自由联合底'先决条件'，要是没有这个联合，则民主制是不稳固的，社会主义的改造是不可能的。

"大家都知道，'巴黎公社'虽然由于许多内部和外部的原因没有达到目的，可是它为自己开辟了走向这个联合的道路。"（见《国家与革命》，中译本"解放社"版《列宁选集》，第十二卷三八一页）

① 列宁在他的读《马克思致顾格曼书信集》的笔记中，把巴黎公社底错误底本质与巴黎公社社员底历史功绩概述于下面几句话：

"这两个错误，都是在于缺乏进攻、缺乏意识与决心去打碎官僚主义的军国主义的国家机器与资产阶级底权力。巴黎公社里面，鼓起马克思热情的是些什么呢？这就是巴黎人的机动能力，'历史创造力，自我牺牲的能力'。巴黎底翻天覆地的英雄们。"（列宁：《马克思主义论国家》）——编者注

国（它带有染着兵营臭味、教堂臭味、士官贵族臭味，尤其是庸人臭味之因袭的假装）底顺天的奴才们比较一下罢。

顺便对你说。在正式发表的向拿破伦第三底财政部直接领取津贴的单子中，有一项：一八五九年八月符赫特（Vogt）领取四万法郎，我已将此事告诉李卜克内西以备将来之用。

二

一八七一年四月十七日，于伦敦。

……你怎样能把一八四九年六月十三日^①那一类的小资产阶级的示威与巴黎的现在的斗争来比较，这是我所完全不能理解的。

如果斗争只在一定顺利的机会底条件之下才去进行，那末，世界历史就一定是很易被造成的了。另一方面，如果，"偶然性"不起任何作用，那世界历史就一定带着极神秘的性质。这些"偶然性"，很自然地进入于发展底一般行程中并为其他的"偶然性"所抵偿。但是，加速或延缓（指进程——译者）是很依靠于这一类"偶然性"的——（包括这样的偶然之事，如那些在最初就站在运动之首的人物的性格）。

这次决定的不利的"偶然事体"，决不应求之于法国社会底一般条件之中，而应求之于普鲁士军驻在法国与普鲁士军近在巴黎的这种情形之中。这是巴黎人所深知的。这也是凡尔赛的资产阶级的棍徒们所深知的。正是因为这个缘故，所以他们要巴黎人在二者之中选择其一：或是接受挑战，或是不战而降。不战而降，是使工人阶级瓦解，其不幸比丧失任何数

---

① 参看马克思所著《法兰西阶级斗争》第三章。——编者注

目的首领还要大得多。工人阶级反对资产阶级及其国家的斗争,因巴黎的斗争而进入一个新的阶段。不管其直接的结果如何,一个有世界历史重要性的新出发点是已经取得了。

列宁在《马克思致顾格曼书信集》俄译本序文中论巴黎公社

……马克思对于巴黎公社之评价,是《致顾格曼书信集》底最精彩的一部分。而这个评价,与俄国右派社会民主党人的方法相比较,是特别有价值的。普列哈诺夫在一九〇五年十二月之后怯懦地喊道:"他们原不该动用武器呵!"而他还有脸孔自比于马克思。他暗示说,马克思在一八七〇年也阻止了革命的。

是的,马克思也阻止一八七〇年的革命。但在普列哈诺夫自己所提出的这个比较中,普列哈诺夫与马克思之间是隔着多么远的鸿沟呵!

一九〇五年十一月,在第一个革命浪潮达到其最高峰之前一个月,普列哈诺夫非但没有郑重警告无产阶级,而反是明确地说必须"学习使用武器,武装起来"。可是,一个月之后,斗争爆发起来,普列哈诺夫丝毫没有企图去分析它底意义,它在事变一般发展中的作用,它与以前斗争形势的关系,而只是急急忙忙扮演着忏悔的知识分子底角色,高喊:"他们原不应动用武器呵!"

在一八七〇年九月,在巴黎公社发生六个月之前,马克思郑重地警告法国工人。他在著名的《国际底宣言》中说,推翻新政府的企图是绝望的蠢举。他在事先就揭穿了要发动一个与一七九二年同一精神的运动底这种可能性,是民族主义的幻想。他能够不是在事后而在几个月以前,就这样说:"不要动用武器。"

但当这个无希望的斗争(这是他自己在九月所宣称的)已在一八七一

年三月开始实行之时,他采取什么行动呢?他是否利用这机会(像普列哈诺夫利用十二月事变那样)去打击他底敌人——领导巴黎公社的普鲁东派与勃朗基派吗?他是否像一个羞作怒叱的女教员那样说,"我早已告诉了你们,警告了你们;这就是你们底浪漫主义之结果,就是你们底革命的癫狂之结果"吗?他是否向巴黎公社社员宣传着自满的庸人底说教,像普列哈诺夫向十二月战士所宣说的那样,说"你们原不应动用武器"吗?

没有。在一八七一年四月十二日,马克思写一封热烈的信给顾格曼——这是我们愿意看见每一个俄国社会民主党员与每一个识字的俄国工人都把它悬挂于家中壁上的一对信。在一八七〇年,马克思说起义是拼命的蠢举;但在一八七一年四月,当他看见了人民底群众运动,他对于这个在世界历史革命运动中表示前进一步的大事变,是像一个参加者那样,以重大的注意来观察它。

他说,这是要把官僚主义的军国主义的机器打碎而不是单把它从一手移转于他手底一个企图。他对于普鲁东派与勃朗基派所领导的"英勇的"巴黎工人,唱了一首真实的赞美歌。

他写道:

"这些巴黎人有何等的机动能力,何等的历史的创造力,何等的牺牲能力呵!……在历史中,从没有过这样伟大的例子。"

马克思超越一切地,珍视群众底历史的创造力。只要我们的俄国社会民主党人能从马克思学到如何去赏识俄国工人农民在一九〇五年十月与十二月间所表现的历史的创造力,那就好啊!

这个渊博的思想家(他在六个月之前就已预料到失败)对于群众底历史创造力之尊敬,与无生命的、无灵魂的、迂腐的话"他们原不应动用武器呵"相较,岂不是有天渊之别吗?

而且，在伦敦过着流亡生活的马克思，像群众斗争底一个参加者一样，对于这个斗争，他是以一切他所特有的热忱与情感加以反应的，从事批评那些准备"翻天覆地""傻勇的"巴黎人所采取的当前步骤。

呵！我们现在马克思主义者中的"现实主义的"冒称聪明的人，嘲笑一九〇六至一九〇七年的俄国的革命的浪漫主义；不知他们将怎样嘲笑着那时的马克思啊！对于这位向"翻天覆地"的"企图"表示尊敬的唯物论者与经济学者（他是乌托邦底敌人）不知他们将加以怎样的嘲笑啊！为着他的这种反抗倾向，这种乌托邦主义等，为着他的这种对于"翻天覆地"的运动底重视，不知这些"蒙着头的人物"①"将会给他流多少眼泪，将会给他以怎样卑谦的微笑或哀悼呵！"

但马克思的头脑，并没有装满这些瘟猪的聪明（这些瘟猪害怕讨论较高形式的革命斗争底技术），他恰恰在讨论着起义底技术的问题。防御呢？进攻呢？——他这样地问着，好像军事的行动是发生于伦敦城外一样。他决定道，一定要进攻："他们应该立即向凡尔赛进攻……"

这是写于一八七一年四月，离大的流血的五月还有几个星期。

起义者既已开始其"翻天覆地的""绝望的蠢举"（一八七〇年九月所说的话），——"他们应该立即向凡尔赛进军。"

在一九〇五年十二月，"他们原不应动用武器去用武力反抗那种要想夺回他们已得自由的最初企图。"

是的，普列哈诺夫自比于马克思，不是无因的呵！

马克思继续他的技术的批评说：

"第二个错误，中央委员会（注意：这是指军事的领导是指国民军底

---

① 契诃夫小说中的一个人物，他不论春夏秋冬都蒙着头部，一听到自由主义的改良建设，就一定说："我希望不会生出什么坏的结果。"——编者注

中央委员会）把权力放弃得太早。"

马克思知道怎样警告领袖们不要发动未成熟的起义。但他对于"翻天覆地"的无产阶级，是抱着一个实践顾问底态度，群众斗争参加者底态度，这些群众，不管勃朗基与普鲁东底谬误的错误理论，还是把整个的运动提到一个较高的阶段：

他写道：

"虽是如此，这一次的巴黎起义即使它被旧社会底狼、猪和恶狗们所压倒，——还是我们党从巴黎六月起义以来的最光荣的行为。"

马克思并不对无产阶级掩饰巴黎公社底任何一个错误，他把一本著作奉献给这个伟业。他的这本著作，直到现在还是为争取"天"而斗争的最好的指南，而且是自由主义的和急进主义的"猪"所最怕的巨物。

普列哈诺夫奉献给十二月事变的"著作"，却几乎成为立宪民主党人（俄国资产阶级的党——译者）底圣经。

是的，普列哈诺夫自比于马克思，不是无因的呵！

顾格曼显然是写了回信给马克思，表示某些疑问，认为这一事业，是没有希望的，并把现实主义拿来与浪漫主义相比，——至少他把巴黎公社这起义与一八四九年六月十三日的和平示威相比较。

马克思立即（一八七一年四月十七日）给顾格曼一顿严厉的训词。

他写道：

"如果斗争只在一定顺利的机会底条件之下才去进行，那末，世界历史就定是很易被造成的了。"

在一八七〇年九月，马克思称起义为绝望的蠢举。但当群众已经起来时马克思就要和他们一同前进，要和他们一同在斗争过程中学习，而并不向他们作一番官僚主义的训斥。他知道要想在事先就把机会估计得完全正确，这是吹牛或是无希望的迂腐。他以为工人阶级英勇地、自我牺牲地拿起主动权制造世界历史，其价值是超乎其他一切之上的。马克思从那些制造历史但不能在事先就把机会估计得毫厘不差的人们底立场来观察世界历史，而不是从一个用"这是很易预料的……他们原不应动用……"这类的话去教训人的知识分子的俗人底立场来观察世界历史。

马克思善于珍视这样的事实，就是：在历史中会有这样的时机，群众甚至为了一个无成功希望的目标而拼命奋斗；但这为了给这些群众更进一步的教育，为了训练他们准备下一次的斗争，还是必要的。

对于这问题作如此说法，对于我们的现在的伪马克思主义者，在原则上是不可理解的，甚至是格格不相入的；这些伪马克思主义者喜欢征引马克思的话，但只为要学习如何去估计过去，而不是为要获得如何去造就将来的能力。甚至当普列哈诺夫在一九〇五年十二月之后开始"阻止"起义的时候，他也还没有想成这个样儿。

但马克思所提出的，正是这个问题，而他也没有丝毫忘记他在一八七〇年九月是把起义视为绝望的蠢举的。

马克思写道：

"凡尔赛的资产阶级的棍徒……要巴黎人在二者之中选择其一：或是接受挑战，或是不战而降。不战而降，是使工人阶级瓦解，其不幸比丧失任何数目的首领还要大得多。"

我们用这话来结束我们对于马克思在其致顾格曼信中所指出的教训（值得无产阶级采取的政策的教训）之简短评述。

俄国的工人阶级，已证明了一次，而且还将不止一次地证明，它是有能力来"翻天覆地"的。

普列哈諾夫在一九〇五年十二月之後開始『阻止』起義的時候，他也還沒有想成這個樣兒。

但馬克思所提出的，正是這個問題，而他絲毫也沒有忘記他在一八七〇年九月是把起義視爲絕望的蠢舉的。

馬克思寫道：

　　『凡爾賽的資產階級的棍徒⋯要巴黎人在二者之中選擇其一：或是接受挑戰，或是不戰而降。不戰而降，是使工人階級瓦解其不幸比喪失任何數目的首領還要大得多。』

我們用這話來結束我們對於馬克思在其致顧格曼信中所指出的敎訓（值得無產階級採取的政策的敎訓）之簡短評述。

俄國的工人階級，已證明了一次，而且還將不止一次地證明，它是有能力來『翻天復地』的。

馬克思立卽（一八七一年四月十七日）給顧格曼一頓嚴厲的訓詞。

他寫道：

『如果鬥爭只在一定順利的機會底條件之下才去進行，那末，世界歷史就定是很易被造成的了。』

在一八七〇年九月，馬克思稱起義爲絕望的蠢舉。但當羣衆已經起來時馬克思就要和他們一同前進，要和他們一同在鬥爭過程中學習，而並不向他們作一番官僚主義的訓斥。他知道要想在事先就把機會估計得完全正確，這是吹牛或是無希望的迂腐。他以爲工人階級英勇地、自我犧牲地拿起主動權製造世界歷史，其價値是超乎其他一切之上的。馬克思從那些製造歷史但不能在事先就把機會估計得毫厘不差的人們底立場來觀察世界歷史，而不是從一個用『這是很易預料的…他們原不應動用…』這類的話去敎訓人的知識分子的俗人底立場來觀察世界歷史。

馬克思善於珍視這樣的事實，就是：在歷史中會有這樣的時機，羣衆甚至爲了一個無成功希望的目標而拚命奮鬥；但這爲了給這些羣衆更進一步的敎育，爲了訓練他們準備下一次的鬥爭，還是必要的。

對於這問題作如此說法，對於我們的現在的僞馬克思主義者，在原則上是不可理解的，甚至是格格不相入的；這些僞馬克思主義者喜歡徵引馬克思的話，但只爲要學習如何去估計過去，而不是爲要獲得如何去造成將來的能力。甚至當馬克思繼續他的技術的批評說：

『第二個錯誤，中央委員會（注意：這是指軍事的領導是指國民軍底中央委員會）把權力放棄得太早。』

馬克思知道怎樣警告領袖們不要發動未成熟的起義。但他對於『翻天覆地』的無產階級，是抱着一個實踐顧問底態度，羣衆鬥爭參加者底態度，這些羣衆，不管勃朗基與普魯東底謬誤的錯誤理論，還是把整個的運動提到一個較高的階段：

他寫道：

『雖是如此，這一次的巴黎起義卽使它被舊社會底狼、猪和惡狗們所壓倒，——還是我們黨從巴黎六月起義以來的最光榮的行爲。』

馬克思並不對無產階級掩飾巴黎公社底任何一個錯誤，他把一本著作題奉獻給這個偉業。他的這本著作，直到現在還是爲爭取『天』而鬥爭的最好的指南，而且是自由主義的和急進主義的『猪』所最怕的巨物。

普列哈諾夫奉獻給十二月事變的『著作』，却幾乎成爲立憲民主黨人（俄國資產階級的黨——譯者）底聖經。

是的，普列哈諾夫自比於馬克思，不是無因的呵！

顧格曼顯然是寫了囘信給馬克思，表示某些疑問，認爲這一事業，是沒有希望的，並把現實主義拿來與浪漫主義相比，——至少他把巴黎公社這起義與一八四九年六月十三日的和平示威相比較。

明的人，嘲笑一九〇六至一九〇七年的俄國的革命的浪漫主義；不知他們將怎樣嘲笑着那時的馬克思啊！對於這位向『翻天覆地』的『企圖』表示尊敬的唯物論者與經濟學者（他是烏託邦底敵人）不知他們將加以怎樣的嘲笑啊！爲着他的這種反抗傾向，這種烏託邦主義等等，爲着他的這種對於『翻天覆地』的運動底重視，不知這些『蒙着頭的人物』『⁕將會給他流多少眼淚，將會給他以怎樣卑謙的微笑或哀悼啊！

但馬克思的頭腦，並沒有裝滿這些瘟豬的聰明（這些瘟豬害怕討論較高形式的革命鬥爭底技術），他恰恰在討論着起義底技術的問題。防禦呢？進攻呢？——他這樣地問着，好像軍事的行動是發生於倫敦城外一樣。他決定道，一定要進攻：『他們應該立卽向凡爾賽進攻⋯。』

這是寫於一八七一年四月，離大的流血的五月還有幾個星期。

起義者旣已開始其『翻天覆地的』『絕望的蠢舉』（一八七〇年九月所說的話），——『他們應該立卽向凡爾賽進軍。』

在一九〇五年十二月，『他們原不應動用武器去用武力反抗那種要想奪回他們已得自由的最初企圖。

是的，普列哈諾夫自比於馬克思，不是無因的呵！

⁕契訶夫小說中的一個人物，他不論春夏秋冬都蒙着頭部，一聽到自由主義的改良建設，就一定說：『我希望不會生出什麼壞的結果。』　　　　　　　　——編者註

界歷史革命運動中表示前進一步的大事變，是像一個參加者那樣，以重大的注意來觀察它。

他說，這是要把官僚主義的軍國主義的機器打碎而不是單把它從一手移轉於他手底一個企圖。他對於普魯東派與勃朗基派所領導的『英勇的』巴黎工人，唱了一首真實的讚美歌。

他寫道：

『這些巴黎人有何等的機動能力，何等的歷史的創造力，何等的犧牲能力呵！…在歷史中，從沒有過這樣偉大的例子。』

馬克思超越一切地，珍視羣衆底歷史的創造力。只要我們的俄國社會民主黨人能從馬克思學到如何去賞識俄國工人農民在一九〇五年十月與十二月間所表現的歷史的創造力，那就好啊！

這個淵博的思想家（他在六個月之先就已預料到失敗）對於羣衆底歷史創造力之尊敬，與無生命的、無靈魂的、迂腐的話『他們原不應動用武器呵』相較，豈不是有天淵之別嗎？

而且，在倫敦過着流亡生活的馬克思，像羣衆鬥爭底一個參加者一樣，對於這個鬥爭，他是以一切他所特有的熱忱與情感加以反應的，從事批評那些準備『翻天覆地』、『英勇的』巴黎人所採取的當前步驟。

呵！我們現在馬克思主義者中的『現實主義的』冒稱聰

意義，它在事變一般發展中的作用，它與以前鬥爭形式的關係，而只是急急忙忙扮演着懺悔的知識分子底角色，高喊：『他們原不應動用武器呵！』

在一八七〇年九月，在巴黎公社發生六個月之前，馬克思鄭重地警告法國工人。他在著名的『國際底宣言』中說，推翻新政府的企圖是絕望的蠢舉。他在事先就揭穿了要發動一個與一七九二年同一精神的運動底這種可能性，是民族主義的幻想。他能夠不是在事後而在幾個月以前，就這樣說：『不要動用武器。』

但當這個無希望的鬥爭（這是他自己在九月所宣稱的）已在一八七一年三月開始實行之時，他採取什麼行動呢？他是否利用這機會（像普列哈諾夫利用十二月事變那樣）去打擊他底敵人——領導巴黎公社的普魯東派與勃朗基派嗎？他是否像一個發作怒叱的女教員那樣說：『我早已告訴了你們，警告了你們；這就是你們底浪漫主義之結果，就是你們底革命的癲狂之結果』嗎？他是否向巴黎公社社員宣傳着自滿的庸人底說教，像普列哈諾夫向十二月戰士所宣說的那樣，說『你們原不應動用武器』嗎？

沒有。在一八七一年四月十二日，馬克思寫一封熱烈的信給顧格曼——這是我們願意看見每一個俄國社會民主黨員與每一個識字的俄國工人都把他懸掛於家中壁上的一封信。

在一八七〇年，馬克思說起義是拚命的蠢舉；但在一八七一年四月，當他看見了人民底羣衆運動，他對於這個在世

列寧在『馬克思致顧格曼書信集』俄譯本序文中論巴黎公社

⋯馬克思對於巴黎公社之評價，是『致顧格曼書信集』底最精彩的一部分。而這個評價，與俄國右派社會民主黨人的方法相比較，是特別有價值的。普列哈諾夫在一九〇五年十二月之後怯懦地喊道：『他們原不該動用武器呵！』而他還有臉孔自比於馬克思。他暗示說，馬克思在一八七〇年也阻止了革命的。

是的，馬克思也阻止一八七〇年的革命。但在普列哈諾夫自己所提出的這個比較中，普列哈諾夫與馬克思之間是隔着多麼遠的鴻溝呵！

一九〇五年十一月，在第一個革命浪潮達到其最高峯之前一個月，普列哈諾夫非但沒有鄭重警告無產階級，而反是明確地說必須『學習使用武器，武裝起來』。可是，一個月之後，鬥爭爆發起來，普列哈諾夫絲毫沒有企圖去分析它底格）。

　　這次決定的不利的『偶然事體』，決不應求之於法國社會底一般條件之中，而應求之於普魯士軍駐在法國與普魯士軍近在巴黎的這種情形之中。這是巴黎人所深知的。這也是凡爾賽的資產階級的棍徒們所深知的。正是因爲這個緣故，所以他們要巴黎人在二者之中選擇其一：或是接受挑戰，或是不戰而降。不戰而降，是使工人階級瓦解，其不幸比喪失任何數目的首領還要大得多。工人階級反對資產階級及其國家的鬥爭，因巴黎的鬥爭而進入一個新的階段。不管其直接的結果如何，一個有世界歷史重要性的新出發點是已經取得了。

領取四萬法郎，我已將此事告訴李卜克內西以備將來之用。

二

一八七一年四月十七日，〔於倫敦〕。

……你怎樣能把一八四九年六月十三日++++那一類的小資產階級的示威與巴黎的現在的鬥爭來比較，這是我所完全不能理解的。

如果鬥爭只在一定順利的機會底條件之下才去進行，那末，世界歷史就一定是很易被造成的了。另一方面，如果，『偶然性』不起任何作用，那世界歷史就一定帶着極神祕的性質。這些『偶然性』，很自然地進入於發展底一般行程中並為其他的『偶然性』所抵償。但是，加速或延緩，（指進程言——譯者）是很依靠於這一類『偶然性』的——（包括這樣的偶然之事，如那些在最初就站在運動之首的人物的性

+++　列寧在他的讀『馬克思致顧格曼書信集』的筆記中，把巴黎公社底錯誤底本質與巴黎公社社員底歷史功績概述於下面幾句話：

『這兩個錯誤，都是在於缺乏進攻，缺乏意識與決心去打碎官僚主義的軍國主義的國家機器與資產階級底權力。巴黎公社裏面，鼓起馬克思熱情的是些什麼呢？這就是巴黎人的機動能力，『歷史創造力，自我犧牲的能力。『巴黎底翻天覆地的英雄們。』

（列寧：『馬克思主義論國家』）　——編者註

++++　參看馬克思所著『法蘭西階級鬥爭』第三章。
　　　　　　　　　　　　　　　　——編者註

帶有染着兵營臭味、教堂臭味、士官貴族臭味、尤其是庸人臭味之因襲的假裝）底順天的奴才們比較一下罷。

順便對你說。在正式發表的向拿破崙第三底財政部直接領取津貼的單子中，有一項：一八五九年八月符赫特（Vogt）

一個先決條件，也有實現的可能。

『現在，是一九一七年，是第一次帝國主義大戰的時代，馬克思所說的那個例外，已經不適用了。世界上最大而最後的那兩個無軍國主義和官僚主義的盎格魯撒克遜「自由」底代表者——英國和美國——，已完全捲入全歐的污穢的血坑中去了。捲入凌駕一切和壓服一切的官僚主義的軍國主義的制度的血坑中去了。現在無論在英國和美國，「一切眞正民衆革命底先決條件」，便是打碎和破壞「現成的國家機器」（在一九一四年到一九一七年之間，這些國家已經準備了像「歐洲」一樣的一般帝國主義的完備機器）。』

此外，列寧特別重視馬克思使用『民衆革命』這個概念，並給予如下的解釋：

『在一八七一年，歐洲大陸上無論在那一國家內，無產階級都尚未成爲民衆底多數。把眞正大多數的民衆捲入運動旋渦中的「民衆」革命，當時只有把無產階級和農民包括在內才有可能。這兩個階級構成當時的「民衆」。這兩個階級由於受「官僚主義的軍國主義的國家機器」底壓迫、踐踏、剝削而聯合起來了。打碎這個機器，破壞這個機器，便是「民衆」的、民衆大多數的工人和多數農民之眞正利益，便是貧農和無產階級自由聯合底「先決條件」，要是沒有這個聯合，則民主制是不穩固的，社會主義的改造是不可能的。

『大家都知道，「巴黎公社」雖然由於許多內部和外部的原因沒有達到目的，可是它爲自己開闢了走向這個聯合的道路。』（見『國家與革命』，中譯本『解放社』版『列寧選集』，第十二卷三八一頁）

『太過端正』以至流於疑懼！+++ 雖是如此，這一次的巴黎起義——即使它被舊社會底狼、豬和惡狗們所壓倒——還是我們黨從巴黎六月起義以來的最光榮的行為。將這些巴黎底『翻天覆地』的英雄們，與德意志普魯士神聖羅馬帝國（它

造力估計得很高；——列寧對於此點特別重視。列寧把這估計與俄國孟塞維克對於一九〇五年革命的估計相對比。他指出馬克思與普列哈諾夫之間對於這個問題是存在着巨大的鴻溝。普列哈諾夫在一九〇五年革命失敗之後，達到了懦怯的機會主義的結論，說『他們原不應動用武器呵。』

『這位最淵博的思想家（他在六個月之前，就已經預料到失敗）對於羣衆底歷史創造力之尊敬，與無生命的、無靈魂的、迂腐的話——『他們原不應動用武器呵！』相較，豈不是有天淵之別嗎？

『……馬克思善於珍視這樣的事實，就是：在歷史中，含有這樣的時機，羣衆甚至為一個無成功希望的目標而拚命奮鬥，但這為了給這些羣衆以更進一步的教育，為了訓練他們準備下一次的鬥爭，還是必要的。』（列寧：『馬克思致顧格曼書信集』俄譯本序文）

正如馬克思從失敗的巴黎公社底經驗，得到了非常重要的教訓，以充實他的國家學說一樣，勝利的蘇聯無產階級底更有意義的世界歷史的經驗，在**列寧**與斯大林之手內，成為把馬克思對於革命、對於國家與對於無產階級專政的學說更進一步地發展之豐富材料。　　　　　　　　　　　　　　——編輯部註

++ 在『國家與革命』一書中，列寧對於馬克思為什麼將他的結論限於歐洲大陸作如下的解說：

『這在一八七一年的時候，自然是很明白的，那時英國還是純粹資本主義國家底模範，而沒有軍國主義，就大體講來，也沒有官僚制度。因此，馬克思便把英國除外，就因為在當時英國的革命，甚至於民衆的革命，即使沒有被壞『現成的國家機器』這

巴黎國民軍底反動部分，都敗退到凡爾賽之後，他們應該立卽向凡爾賽進軍。由於良心上的躊躇，他們喪失了時機。他們不願發動國內戰爭，好像那惡毒的妖物梯也爾還沒有因企圖解除巴黎武裝而把內戰發動起來似的。第二個錯誤：中央委員會爲要讓位給公社，而把權力放棄得太早。這又是由於

　　*　在這裏所發表的致顧格曼的信中，馬克思對巴黎公社作了估計，認爲公社是『有偉大意義的歷史的實驗，是世界無產階級革命底某種前進，較之幾百條綱領和討論尤爲重要的一個實踐步驟。』（列寧：『國家與革命』）

　　列寧在一九〇七年寫道，馬克思的這封四月十二號的信，是『我們願意看見每一個俄國社會民主黨員與每一個識字的俄國工人都把它懸掛於家中壁上的一封信。』

　　在這封致顧格曼的信中，馬克思把那些對於馬克思主義國家論非常重要的結論，這些結論，他是從巴黎公社底世界歷史經驗的基礎上得出來的，陳述得更爲正確，更爲明瞭，更爲優良。』（如列寧所說）

　　『很明顯地，馬克思底四月的信（一八七一年四月十二日）表達了與第一國際總委員會在五月末（一八七一年五月三十日）的宣言中所包含的一樣的思想。

　　『在「法蘭西內戰」一書中稱爲「現成的國家機器」，在一八七一年四月十二日的信中就稱之爲「官僚主義的軍國主義的機器」；在「法蘭西內戰」一書中用「簡單地奪取」這幾個字所表達的，在一八七一年四月十二日的信中，又再陳述得更爲正確，更爲明瞭，更爲優良：「從一手移轉於他手。」此外「法蘭西內戰」一書所沒有的一些補充，是特別顯要的：不是把現成的「機器」從一手移轉於他手，而是把它打碎。巴黎公社開始是幹這件事，但可惜沒有幹到完成。』（列寧：『馬克思主義論國家』）

　　馬克思在四月十七日致顧格曼的信中，對於羣衆底歷史的創

馬克思致顧格曼論巴黎公社的信

一

一八七一年四月十二日於倫敦。

如果你讀到我底『拿破倫第三政變記』底最末一章，你就可看見我說了這樣的話：法國革命底下一次的企圖，不再是像從前一樣，把官僚主義的軍國主義的機器從一手移轉於他手，而是要把它打碎；這是歐洲大陸上每一眞正民眾革命底先決條件**。我們英勇的巴黎黨的同志們所企圖的，就是如此。這些巴黎人，是有何等的機動能力，何等的歷史的創造力，何等的自我犧牲的能力呵！經過了六個月的飢餓與破壞之後造成飢餓與破壞的，與其說是國外的敵人，不如說是國內的叛變，他們，在普魯士的刺刀下面革命起來，好像法國與德國沒有發生戰爭似的，好像敵人不在巴黎門前似的。在歷史上，還從來沒有過像這樣偉大的例子。如果他們歸於失敗，那只是由於他們底『寬容的性質』。在最先維諾衣後來先驅者。它的被難者，將永遠被記在工人階級偉大的心坎之中。它的劊子手，已被歷史釘上了恥辱牌，任何他們牧師的禱告都不能把他們取下來。

一九七一年五月十九日倫敦。

的專制魔王,而說他自己是勞動的解放者。畢加爾則禁止國際的法國會員與其他國外的會員發生任何關係。已成木乃伊的老頭兒蕭培爾公爵,曾是梯亥爾在一八三五年的舊同事,他聲稱每個政府應該以消滅國際為自己的主要任務。地主們,國民議會的代表們,狂吼似的來反對國際,而歐洲的新聞界則一致加以附和。一個可敬的法國的作家,一個同我們國際工人聯合會沒有絲毫共同之點的人,關於國際,這樣說道:『國民軍中央委員會委員與公社的大部分社員,都是國際工人聯合會最活動、最清楚、最努力的首領…這是些完全忠實的、誠懇的、聰明的、富於自我犧牲精神的、純潔的而且狂熱(照字的好的意思講)的人。』充滿警察精神的資產階級的陳言,當然把國際工人聯合會看做是一種祕密的陰謀的結社,說它的中央管理局時時指定在各國舉行暴動。可是,實際上,我們的國際工人聯合會,不過是聯合文明世界各國先進工人的國際聯合會罷了。不論那裏發生什麼階級鬥爭,不論這鬥爭採何種形式,不論這鬥爭發生於何種條件之下,不論這鬥爭的內容如何,站在鬥爭的前線上的,自然總是我們國際工人聯合會的會員。這聯合會所由產生的基礎,正是現代社會的本身。不論流洒多少鮮血,這聯合會是不能被消滅的。要消滅它,各國政府首先應當消滅資本對於勞動的專制的統治,即首先應當消滅他們自身寄生性的存在的基礎。

※　　　※　　　※

工人的巴黎與他們的公社將永遠是被敬為新社會光榮的

論如下問題的口實，就是：他們應不應當把那些從巴黎雙重包圍中脫逃出來的不多幾個的戰爭犧牲者移交給凡爾賽的劊子手？

在新時代最可怕的戰爭之後，戰勝者與失敗者的軍隊聯合起來，來共同殘殺無產階級。這樣的空前事件，並不是像俾斯麥所想的，證明那個正為自己開闢道路的新社會已經最後的失敗，而只是證明舊的資產階級社會已經完全腐化。舊世界所尚能做的最大的英勇事業，是民族的戰爭，可是現在看來，這也不過是政府的純粹欺騙的勾當，其目的只是在於延緩階級鬥爭；只要階級鬥爭一爆發為國內戰爭的大火，這種戰爭便被拋置一傍了。階級的統治已經不能拿民族的外套來掩蓋了；在反對無產階級時，許多民族的政府是一起的。

在一八七一年的白色星期日之後，法蘭西的工人與他們勞動生產品的享受者之間，已經不能有和平，不能有調解了。雖是僱用軍隊的鐵腕一時能把這兩個階級平靜下去，然而它們的鬥爭必要重新爆發，而且還要更厲害的展開起來。至於最後，誰是勝利者：是少數的享受者，還是最大多數的勞動羣眾？這一問題，是不能有什麼懷疑的。法蘭西的工人，不過是整個現代無產階級的先鋒隊罷了。

在對於巴黎的鎮壓上面，歐洲各國的政府事實上表現了階級統治的國際性，可是它們同時又向全世界高喊，這次不幸的主要原因是在於國際工人聯合會，即在於反對全世界資本陰謀的國際勞動的組織。梯亥爾責罵這組織，說它是勞動壓革命底那個陰謀（對這一陰謀，我們已從九月四日起一直看到馬克馬洪的侍衞進入聖哥羅門為止），是以巴黎的大屠殺為其終結的。俾斯麥很自滿地看着巴黎的廢墟，並且，大致還以為這是一切大城市總破壞的『第一步』，因為當地還只是一個簡單的地主，還只是一八四九年的普魯士『無雙議會』的議員時，他就喜歡夢想這一點。他很自滿地喜歡着巴黎無產階級的死屍。在他看來，這不但是革命的絕滅，而且也是法蘭西的消滅，這法蘭西現在已經沒有了首腦，而這首腦的取消正是法蘭西政府自己幹的。他的膚淺，正像其他一切榮貴的政治家一樣，他只看到這件偉大歷史事件的外表。難道你們在過去的歷史上，曾經看到過征服者能夠利用被征服的政府來作警察與僱用兇手以完成自己勝利的例子嗎？普魯士與公社中間，沒有發生過戰爭。相反的，公社曾答應和平的初步條件，普魯士也宣佈了中立。這樣說來，普魯士不是交戰的一方面。可是普魯士的行動，却正如一個儒怯的兇手，因為它作了那種對他沒有任何危險的兇事；又正如一個僱用的兇手，因為他預約好在巴黎陷落時，給他以五萬萬法郎的兇殺的代價。看呵，這就是上蒼用十分道德的相信天神的德意志的手來懲罰無神的、放蕩的法蘭西之戰爭的眞相！這就是從舊世界法律家的觀點看來也是對於國際法的空前的違犯。可是這種違犯，却沒有迫使歐洲的『文明』政府起來宣佈那個為彼得堡內閣手內簡單工具的罪惡的普魯士政府是個犯法者；而却僅僅給了它們（指那些『文明政府』）以討槍殺被俘公社人員的人道主義習慣時，公社除了使用普魯士人所採取的扣留抵押者的習慣以外，再沒有其他的方法來拯救那些被俘者的生命。凡爾賽人之繼續槍殺俘虜，實際上就是把他們抵押者處死。在馬克馬洪的侍衞以如此血腥的屠殺來慶祝他們進入巴黎之時，這些人的命又怎能再被饒赦呢？難道對於不願一切實施暴行的資產階級之最後防禦手段——扣留抵押者——只是開玩笑嗎？達爾波主教的真正兇手是梯亥爾。公社曾經不止一次提議將大主教與其他許多牧師來同勃朗基交換，可是梯亥爾却緊緊的拿住他不肯放手。梯亥爾對於這種交換堅決的拒絕了。他知道放了勃朗基是使公社有了首腦，而大主教的死尸較之活的大主教對於他更有用處。在這場合上，梯亥爾是仿效加文尼亞克（Cavaignac）的。加文尼亞克與他的『秩序保護者』，於一八四八年六月，是如何暴怒地責備暴動者殺死大主教阿富爾（Affre）啊！實際上，他們很知道，殺死大主教的，是『秩序黨』的兵士！親見此事的大主教手下的一位總牧師若克梅，於事情發生之後就立刻公開證明了這點。

『秩序黨』在自己一切屠殺的血宴之後，總是散播了許多關於自己犧牲者的謠言，這只是證明出，我們的資產階級認爲自己是古代封建諸侯的合法承繼者，這些諸侯，承認自己有使用一切武器來反對平民之權，可是當平民使用任何武器之時，則他們就以爲是罪惡了。

統治階級利用國內戰爭的幫助與外國征服者的保護來鎭

在巴黎的住宅，却非常重視。而梯亥爾則宣稱他將進行殘酷的復仇行動。當一方面他的軍隊已經準備好作戰，他方面普魯士軍已經封鎖了一切出口之時，他就高叫：『我將是無情的！贖罪需要高價，審判須要嚴厲！』如若巴黎工人的行動如像凡達爾人*一樣，那這將是決死防禦的凡達爾主義而不是勝利者的凡達爾主義，有如破壞上古時代真正可貴的美術紀念物之基督教徒凡達爾主義那樣。不過就是後一種凡達爾主義，歷史也以為是可以原諒的，因為這是在新興的社會同沒落的社會作偉大的鬥爭時必不可免的而且比較不大重要的隨從物。至於公社的行動，同那種為着給佚樂者肅清道路而破壞歷史的巴黎之那種奧斯曼凡達爾主義相較，那更是不相像了。

那末公社殺死六十四個抵押者（其中有巴黎的大主教），這又是怎樣一回事呢？一八四八年六月，資產階級及其軍隊重新恢復了早已絕滅的、槍殺無抵抗底俘虜的軍事習慣。以後，這種野蠻的習慣，在歐洲與印度，鎮壓一切民衆起義之際，就多少被經常採用了。這顯然證明，此種習慣確是真正的『文明的進步』！此外普魯士人在法國重新採取了扣留抵押者的習慣，要使那些毫無罪名的人，以自己性命去為他人的行動負責。像我們所知道的，當梯亥爾在戰爭開始就採取

---

* 凡達爾人是德意志人之一種，在五世紀初期，侵入西班牙，佔領其南部；四二九年侵佔羅馬所屬的非洲；四五五年，却奪了羅馬。凡達爾人作了許多粗暴破壞的行動。——譯者註

是核准放火？當英國的軍隊竟焚毀華盛頓的議院，焚毀中國皇帝的夏宮時，那是不是放火？當普魯士人不是為着軍事原因而是單純由於惡意報復的念頭，遍洒洋油（如在夏多頓）燒燬城市與許多村莊，這是不是放火？當梯亥爾在六個星期內砲轟巴黎而聲說這僅僅是為着破壞那些有人居住的房屋之時，這是不是放火？在戰爭中間，火，是完全合法的武器。向敵人佔據的房屋轟擊，是為得燒燬它。當守禦者不得不退出房屋時，他們就自動的燒燬它，使進攻者不能在房屋中鞏固起來。妨礙任何常備軍行動的一切房子，要遭遇不可免的命運——被焚燬，可是在奴隸反抗壓迫者的戰爭中，這種行動却被看做是犯罪！公社完全把火當做防禦（嚴格的意義）的工具；它利用火是為了不使凡爾賽的軍隊進到那直長的街道上（這類街道是奧斯曼有意為了便於砲擊而建設的）；它开火是為掩護它自己的退却，正像凡爾賽人進攻時利用他們的炸彈一樣，這種炸彈所破壞的房屋並不比公社的火所焚毀的為少。一直到現在，還不清楚到底那些房子是進攻者焚毀的，那些是守禦者焚毀的。而且，防守者只到凡爾賽軍隊開始大批槍殺俘虜之時，才着手用火。關於這一點，公社老早就聲明，如果公社被逼到了極端，那他就要在巴黎廢墟之下埋葬自己，使巴黎變為第二個莫斯科。這種預言，從前國防政府也曾說過，當然，它不過是用來作為掩蓋自己叛變的假面具而已。為了這一點，脫羅秀曾經預備了很多的洋油。公社知道，它的敵人毫不顧惜巴黎人民的生命，可是對於他們突然變為地獄了。全世界的資產階級，對於這種奇怪的變化作如何的評判呢？他們只是說，公社對於文明圖謀不軌！巴黎的民眾，為了公社視死如歸，自古以來沒有一次戰鬥死了這麼多的人。這是什麼意思？只是說公社不是民眾的政府，而是一小羣罪人用暴力奪來的政權！巴黎的婦人很高興地死於巷戰中，死於刑場上。這是什麼意思？只是說公社的魔鬼把她們變成了馬格爾（Magaeras）†與海加脫（Hecates）！在公社完全統治的整個兩個月內公社的溫和，只能與它保護自己的那種英勇毅力相比擬。這是什麼意思？只是說，公社在兩個月內只用它的溫和與人道來遮蓋它的惡魔般的對於血的渴望，使之能在臨死的痛苦中自由地發洩出來！

巴黎的工人，在他們英勇的自我犧牲中，使火延燒了房屋與紀念碑。當無產階級的奴役者一塊一塊地撕碎無產階級的肢體時，他們休想得意洋洋的回到他們完好的住宅中去。凡爾賽政府大喊『放火！』並輕輕地告訴他的奴僕（一直到窮鄉僻壤）以這類的口號：『搜殺我們的一切敵人，把他們當作簡單的放火者。』全世界的資產階級，很快樂的看着戰鬥之後大批人們的被殺，但當私人住宅被『弄髒』時，他們就勃然大怒了！

當政府正式核准海軍去『格殺焚燒破壞』之時，這是不

---

† 馬格爾，據古希臘神話，是復仇女神之一。一般的是指強悍的女人。　　　　　　　　　　　—— 譯者註

石中間；六千個暴動者正在死亡前絕望地徘徊着，他們却迷路在曲折莫辨的墓穴之間；街道上窮追着不幸者，為得要用機關槍來把他們殺死。在這個時候，看到各種各樣的老爺先生們在咖啡館內作樂，飲着酒，打彈子，玩骨牌，妖冶的婦人在大街上走來走去，再在夜深人靜之際，聽到從富麗的酒館的小房間中發出歡樂的叫聲，這真不免令人氣憤。』愛德華・愛爾維（Eduard Herve）先生在『巴黎報』（曾為公社封閉的凡爾賽的報紙）上寫道：『巴黎的居民（！）昨晚表現他們歡樂的方式，實不只是輕佻而已，我怕這樣下去，一定還要更壞。如果我們不願得到『墮落時代的巴黎人』的稱號，那末，這種歡樂情形，是完全要不得的。』於是，他引用了泰采脫（Tacitus）的語句：『看呵，在這個可怕鬥爭的第二天早晨，甚至更早些，在鬥爭還沒完全終結以前，墮落的、腐敗的羅馬，又跌落到放蕩的沼澤中去了。這種放蕩毀壞了他的肉體，弄汚了他的靈魂——這兒是鬥爭與創傷，那兒是餐窟與澡堂。』不過愛爾維先生忘記了他所說的『巴黎居民』是從凡爾賽、聖地尼、羅威爾與聖日耳曼大批奔囘的梯亞爾的巴黎居民，騙子的巴黎居民而已；這真是『墮落時代的巴黎』。

這個根據於勞動奴役之上的可恥的文明，在每一次血腥勝利中，用那種回響於全世界的汚衊與毀謗的狂呼，去掩沒為新的更好社會而奮鬥、而犧牲的戰士的喊聲。公社時代快樂的工人的巴黎，在那些守衞『秩序』的血腥走狗的手下，是赤裸裸地野蠻的與非法的復仇。財富生產者與財富享受者的階級鬥爭中的每一新的危機，都更明顯的表示出了這一事實。與一八七一年空前的罪惡相較，甚至一八四八年資產階級的暴行也相形見拙了。在凡爾賽人攻入城內以後，全部巴黎人民——男的、女的與小孩子——還整星期的以自我犧牲的英勇精神進行戰鬥，這種英勇精神，反映出他們事業的偉大，正像兵痞的野獸行動反映出為他們所保護、由他們來報復的那種文明的全部精神一樣的明顯。在戰爭之後，還是大批殺戮，結果，使得如何處理大堆死屍的事情成為困難的問題，這樣的文明，真是偉大的文明啊！

　　如要找到近似梯亥爾與其劊子手們行動的例子，那就必須回頭到蘇拉與兩個羅馬得勝者的時代去。同樣的不動聲色的大批殺人；同樣的劊子手對於犧牲者的年齡與性別絲毫不顧；同樣的毒打被囚者；同樣的流徒，不過這一次是反對整個階級罷了；同樣野蠻地搜尋隱藏起的領袖，使他們沒有一個能存留下來；同樣的把政治的與私人的仇敵告密，同樣殘忍地屠殺那些完全沒有參加鬥爭的人們。所不同的，只是羅馬人沒有機關槍來整批的槍斃囚徒，他們沒有『手執法律』口說『文明』那樣罷了。

　　除了這些獸行之外，再來看一下資產階級自己報紙所描寫出來的資產階級文明的更可恥的另一方面吧。

　　一個倫敦的保守派報紙的巴黎通訊員寫道：『這地裏還響着槍聲，受傷的人無人照顧，聽其死於俾爾·拉希斯的墓準備。五月八日，他在回答那些主張調停的中等階級代表們時，還說道：『只要暴動者答應投降，那巴黎的城門就可以洞開一星期，讓大家（除殺死萊康德與克萊孟湯姆兩將軍的兇手以外）進出。』

幾天之後，當『地主們』要求他對這種允諾作一解釋的時候，他竟置而不答，但是却很有深意地說道：『對你們說吧，在你們的中間，有很多沒有耐心的人，他們太過於性急了。請他們再等一星期吧，一星期之後什麼危險也沒有了，任務將看他們的勇氣與能力來解決。』當馬克馬洪（Mac Mahon）答應他說不久卽可進入巴黎之時，他卽在國民會議中聲明道：他將『拿着法律走進巴黎，強制那些流兵士之血、破壞公共紀念碑的混蛋清償他們的罪惡』。當決勝的一分鐘到來時，他對國民會議聲明道，他對巴黎『決不留情』，巴黎的罪名已被判定，至於拿破倫派的強盜們，那末政府是答應他們任意去向巴黎報仇的。最後，當叛賊於五月二十一日給杜哀（Douay）將軍打開了巴黎的城門之後，梯亥爾就於五月二十二日為『地主們』揭開了他們所死不懂得的議和把戲而『目的』。幾天以前我對你們說過，我們接近着我們的目的了；今天我來對你們說，我們已經達到了我們的目的。秩序、正義與文明，最後得到了勝利！』

對呵！這的確是勝利。當資產階級制度下的奴隸們舉行正義反對他們主人時，這種制度的文明與正義，方在真正的充滿罪惡的色彩中表露出來了。那時，這一文明這一正義正至無恥到了這種地步，竟想重新採用舊的反對亞爾薩斯的保護稅制（雖然因為沒有得到俾斯麥的允許，未能成功）。據他自己說，這在當時是沒有任何國際條約來加以阻止的。這人把反革命看作是減低路安地方工資的工具，把對於各省區讓步看作是提高他自己商品在法國價格的工具，這人，的確是約爾·法佛勒在他最後的終結其全部事業的賣國行動中最適當的同道者。

當這絕妙一對全權代表到了法朗克府之時，俾斯麥便以軍人氣概命令道：『或者恢復第二帝國，或是無條件的接受我的和平條件！』他的條件，就是在於軍事賠款，償付期應予縮短，並且在俾斯麥以為法國情形還不能令他滿意之時，普魯士軍隊應予佔據巴黎砲台。這樣，普魯士就被認為是法蘭西內政的最高法官，而俾斯麥方面，則表示完全準備好釋放被俘虜的拿破倫軍隊來消滅巴黎，並且在必要時，還可以用威廉皇帝的軍隊去幫助他。為了保證他決不食言起見，他將第一部分賠款的支付期延長到巴黎『平定』之後。梯亥爾及其全權代表，當然急忙地吞下了這種釣餌。五月十日，他們簽訂了條約，五月二十一日，由於他們的努力，條約已為國民會議批准了。

從訂定條約到被俘的拿破倫軍隊回國的這期間，梯亥爾覺得比平日更有繼續他的『議和』滑稽劇的必要。尤其必要的，是因為他的共和主義的走卒們，非常需要適當的藉口，使得他們能夠從手指的間隙中去觀看對於巴黎的血腥屠殺的們不幸中之幸嗎？』

　　但是，法蘭西對於梯亥爾自以爲具有妖婦歌唱的魅惑之力的演說，還是置若罔聞。在三萬五千個公社所選舉出來的七十萬個市政府議員中，合法派、奧利恩派與拿破倫派合併起來還得不到八千人。補充選舉與復選的結果，更表示對於梯亥爾政府的敵意。國民會議不但得不到它所必需的各省的物質幫助，而且還失去了他自己要求威望的最後的權利，卽成爲全法國普選制的表現的權利。爲完成這個失敗起見，全法國城市中所選舉出來的市政府議員們，自己在卜都召集議會來威嚇僭竊權位的凡爾賽議會。

　　爲俾斯麥所久候的盡力干涉的時期，現在是到來了。他拿着發號施令者的口氣，命令梯亥爾立刻派全權代表到法朗克府，去最後訂立和平條約。梯亥爾自然卑怯地唯命是聽地趕快執行了他的主人、他的上司的意志，把他的忠實的朋友約爾・法佛勒與波野爾・克爾底爾派到法朗克府去。波野爾・克爾底爾是路安地方紡織廠的『著名的』廠主，是第二帝國的熱烈的甚至曲意奉迎的擁護者。在他看來，第二帝國除了那妨害他廠主利益的英法商約* 之外，毫沒有什麼不好的地方。當梯亥爾在卜都任命他爲財政總長之時，他開始對這『不幸的』條約實行攻擊，以爲這條約不久卽須消滅。他甚

---

　　*　拿破倫第三在一八六〇年與英國所締訂的商約，減低了對於英國貨物的進口稅。　　　　　　——編輯部註

的法律（這些法律，在巴黎陷落之後可以用來消滅共和國自由的最後的殘餘），他預想巴黎將來命運而採取以下辦法：在他看來軍事法庭的審判程序還是太慢，他把這種程序縮短而頒佈了新的殘酷的充軍法。一八四八年的革命，消滅了對於政治犯的死刑而拿充軍來代替它。就是拿破倫第三也至少不敢公開的恢復斷頭台。凡爾賽的地主會議，還不敢說巴黎人不是起義者而是強盜，它於是不得不限於用杜福爾的充軍法來反對巴黎。在這種情況之下，梯亥爾當然不能很久的延長他的議和的滑稽劇，因爲這一滑稽劇引起了地主們瘋狂的反對（實際上這正是他所希望的），而這些人，因爲他們想蠢，旣不能了解他的把戲，又不能了解他的虛僞做作與遲延的必要。

看到四月三十日市政府選舉快要到來，梯亥爾便於四月二十九日做了一次他的議和的把戲。在他所作的許多感情講話的中間，他曾從國民會議的講壇上說了這樣的話：『反對共和國的，只有一個陰謀，巴黎的陰謀，這陰謀使我們不能不濟法蘭西的血。我現在再重複的說：讓那些舉起武器的人放下他們瀆神的武器吧，那我們就會放下正義的劍來訂立和平條約，被除外的，只是一小部分罪犯而已。』在答覆打斷他講話的地主怒喊時他說道：『先生們，敬請你們告訴我，難道我所說的話不對嗎？難道你們因爲我說了罪犯不過是一小部分人的公道話，而眞的不好過嗎？流萊康德與克萊孟湯姆將軍的血的人，只是一些例外，難道這點你們不以爲是我就職於共和國已經成為既成事實之時，我堅決的保護它。』實際上他利用共和國的名義，鎮壓了里昂與馬賽的革命＊，他的『地主』們，一聽到『共和國』三字，就用狂叫將它壓倒下去。此後，他又把既成的事實認作是假定的事實。從前他所謹慎地從卜都遣散出去的奧利恩王子們，現在又在特里安（Dreux）搗亂，公開破壞法律。梯亥爾在其對於巴黎人與各省代表的無數會議上所提出的條件，雖然口氣色彩很多變換，但結果總不外乎必須『處罰那些殺死克萊孟湯姆與萊康德的一批犯罪者』。當然，這上面還加上一個不言自明的條件，即：巴黎與法蘭西要承認梯亥爾自己為最好的共和國，正像三十年代時代梯亥爾承認路易斐立伯為那時最好的共和國一樣。但是就是這些條件，根據他的總長們在國民會議上的官場的解釋，還是可以懷疑的。他並不以此為滿足，他還經過杜福爾去行動。舊日奧利恩朝的律師杜福爾，在被圍情況之下，常常起了高等法官的作用。在現在一八七一年梯亥爾治下如此，在一八三九年路易斐立伯治下如此，在一八四九年拿破倫第三治下亦如此。當他不是總長時，他擁護巴黎的資本家，攻擊他自己所頒佈的法律因而發了財，並且得到了政治家的稱號。他不滿足於國民會議中所通過的許多壓迫

＊ 在昂里，革命之爆發與公社之宣佈是發生於三月二十二日；在馬賽，是發生於三月二十三日；他們都迅速地被梯亥爾政府鎮壓下去了。在都魯士（Toulouse）、那旁（Narbonne）與其他幾個城市，也曾宣佈成立公社。──編輯部註

社社員的英勇告訴了梯亥爾，要克服巴黎的抵抗，他的戰略天才既不夠，他所統帶的軍隊的數量也不夠。

同時，他同各省的關係一天一天變成更其不好了。凡爾賽沒有接到一封同情信，能夠稱爲鼓勵梯亥爾及『地主』們的勇氣。相反的，來自各地的代表與聲請書，都以不大尊敬的口氣，要求凡爾賽在無條件的承認共和國、確認公社的自由、解散已經滿期的國民會議之基礎上去同巴黎議和。代表與聲請書，是如此之多，使得梯亥爾的司法總長杜福爾，不能不在四月二十二日通令上命令國家檢察官把『主張議和的宣言』看成罪案。梯亥爾看到進攻巴黎沒有希望，於是決定改變策略，指定在四月三十日，根據他指令國民會議通過的新法律，舉行全國市政府的改選。他利用他的地方官的陰謀或他的警察的恐嚇，相信各省的選舉，必定會給國民會議以向所未有的權威，他更希望各省能給他以征服巴黎的物質力量。

除他的反對巴黎的強盜戰爭（爲他自己公報上所讚美的）與他的總長們把恐怖滿佈於全法國的企圖以外，他更決定用小小的議和的滑稽劇來作補充。這滑稽劇應當有幾種作用，它應當欺騙各省區，吸引巴黎中等階級到他這方面來，而最主要的，却是在於使國民會議中的假共和黨人有可能用他們對於梯亥爾的信仰，來掩蓋他們對於巴黎的叛變。三月二十一日當梯亥爾還沒有軍隊時，他在國民會議中說道：『不論怎樣，我總不派軍隊到巴黎。』三月二十七日，他揚言『我

四

奴隸主第一次企圖用普魯士軍隊佔據巴黎的謀陰，因俾斯麥的拒絕而失敗了。三月十八日第二次圖謀的結果，是軍隊失敗，政府以及全部行政機關逃亡到凡爾賽。梯亥爾假裝同巴黎進行和平談判，爭取時間準備作戰。但他從那裏取得軍隊呢？戰鬥部隊的殘餘，人數既少，又不大可靠。他發給各省的催促國民軍與志願軍快來幫助凡爾賽的宣言，又得到了公開的拒絕。只有不列登派遣了一些『凶徒』(Chouans)，這些人，胸上帶着白布的耶穌的心，在白旗下面進行戰鬥，他們戰鬥的呼號是『國王萬歲！』這樣，梯亥爾只能匆匆忙忙的集合一些水手、海軍、敎主的武士，瓦倫頓的憲兵、皮脫里(Pietri)的警察與偵探等等的龐雜隊伍，假使沒有逐漸到來的被俘的拿破崙軍隊，那末梯亥爾的軍隊真是稀少得可笑（俾斯麥放回這樣數量的法國俘虜，使得一方面他們能夠進行國內戰爭，他方面，凡爾賽不能不對普魯士處於奴隸般的依靠的地位）。凡爾賽的警察，在戰爭時應當監視凡爾賽的軍隊，而憲兵却應當常常帶着這軍隊，把他們送到最險要的地點上去。陷落的砲台，不是奪得的，而是購買得的。公

---

* 柯布倫次是法國大革命時代反革命貴族逃亡的中心地。台卡龍是一七八九年革命前夜的法國的宰相。

—— 編輯部註

的、最自由選舉出來的一個』。關於他的龐雜部隊，他說：『它是世界的奇蹟』，法國從所未有的『最好的軍隊』。他對各省的人說，轟擊巴黎，這是無稽之說：『如若落進了幾個砲彈，那末這也不是凡爾賽軍隊放的，而是暴動者放的，因為他們要表示出他們是在戰鬥着，而其實他們是不敢稍一露面的。』後來他又向各省宣告道：『凡爾賽的砲隊並沒有轟炸巴黎，只是將大砲向巴黎射擊而已。』他向巴黎的主教說，人家罵凡爾賽人實行了槍殺與壓迫辦法，這一切全是謠言。他向巴黎聲稱，他『只不過要把巴黎從壓迫它的可惡的魔王手裏解放出來』，公社的巴黎，『只不過是一羣罪犯而已』。

　　梯亥爾的巴黎，不是『下層百姓』的真正的巴黎；它是虛幻的巴黎，騙子的巴黎，男女遊蕩者的巴黎，有錢人的、資本家的、塗金者的、遊手漢的巴黎；這巴黎，現在將它的奴僕、騙子、蕩婦、文丐充滿了凡爾賽、聖地尼（Saint-Denis）、呂哀爾(Rueil)與聖茄門（Saint-Germain），這巴黎把內部混戰只當做有趣的消遣品，它從望遠鏡裏觀看戰鬥，計算放砲次數，並且用它自己及它娼婦的名譽來宣誓說：這裏的表演，比較聖馬丁(St. Martin)戲院中的表演還要好的多。死者眞是死去，傷者的呼聲也不是假造的，這種在他們面前演着的戲劇，眞是世界歷史的戲劇。

　　這就是梯亥爾的巴黎，正好像柯布倫茨的逃亡，是台卡龍（De Calonne）的法蘭西一般。*

庭、宗教、尤其是私產的逃亡者一起走了。代替她們的是眞正的巴黎婦女，她們勇敢、大度並富於犧牲精神，正如古代的婦人。勞動的、思想的、鬥爭的與流血的巴黎，輝耀着對於自己歷史創造的熱誠的自覺，它完全致力於新社會的建設而差不多忘記了站在它城牆之外的吃人者。

同這巴黎的新世界對立的是凡爾賽的舊世界，這是一切陳腐制度的廢物（渴望撕食民衆屍體的合法派人與奧利恩派人）的集團，它還帶上國民會議中擁護奴隸主暴動的那些共和黨人所組成的尾巴；這些共和黨人，希望因爲立於統治首位的老庸醫之虛榮，而能夠保持他們的國會制度共和國，他們在約・特・伯姆（Jeu de Paume）球場* 開他們的祕密會議來滑稽地模倣一七八九年（法國大革命那年。——譯者）。這個集團（代表法蘭西一切腐朽東西的一具死屍）之所以還繼續過着幽靈般的生活，只是因爲有拿破倫派將軍的刺刀來作爲他們的支柱。巴黎全是眞理，凡爾賽全是胡說。這胡說的高唱者，就是梯亥爾。

梯亥爾對賽納與烏哀斯（Seine-et-Oise）省的市長代表團這樣的說道：『你們可以相信我的話，我從沒有食言過。』關於國民會議，他說『它是法國從來所有議會中最自由主義

---

* 這是網球場之名。一七八九年，國民會議在這個網球場中宣誓說：在未把憲法完成之前，即使國王下令，國民會議也不解散。　　　　　　　　　　　　——編輯部註

如：一方面有些人曾在以前的革命中起過絕大的作用，同它們一起長大起來，因而不懂得現代運動的意義。可是，雖然如此，這些人由於自己的毅力、個人的特性或是由於簡單的傳統，還能對民眾有很大的影響；他方面還有些簡單的清談家，他們一年又一年的重複自己反對現存政府的、刻板的宣言，因而得到頭等革命者的名義。這種人在三月十八日之後也出現了。他們盡力之所及起了頭等作用，去阻止真正的工人階級的運動，正像從前他們這樣的人阻礙一切早先革命之充分發展一樣。他們是一種不可免的惡事，只有經過一定時間才能脫離他們，可是這種時間公社却是沒有。

　　公社好似用了奇蹟，改造了巴黎。第二帝國的放蕩的巴黎，現在毫無痕跡的消失了。法國的首都，不再是英吉利大地主、愛爾蘭旅外的大地主*、美利堅以前的奴隸主與放浪者、俄羅斯以前的農奴主與華爾興貴族等等的集合場了；在暴屍場上，一個冤首也沒有了；夜中盜刼也沒有了，差不多沒有過一次偷竊。自一八四八年起，巴黎街道第一次變成平安的了，雖然在街上簡直連一個警察也沒有。一個公社的委員說，『我們已不聽到殺害、搶刼及反對個人的犯罪了；看來似乎警察已把他們所有的保守的朋友都隨身帶到凡爾賽去了一樣。』妖媚的女人，已跟了他們的保護者，那些擁有家

---

　　* 愛爾蘭旅外的大地主，指那些把他們底『收入』浪費於外國而幾乎沒有到他們田莊來過的愛爾蘭地主。——編輯部註

與陰謀，鑽到巴黎去。在這種情形之下，公社如不欲恥辱地扳賣自己的令名，那末它怎能像在非常太平的時代那樣保持自由主義的儀式和樣子呢？如若公社政府是同梯亥爾政府一樣，那就沒有理由在巴黎禁止『秩序黨』的報紙，在凡爾賽禁止公社的報紙了。

自然，當『地主會議』的代表們宣佈挽救法國的唯一辦法，是使法國重新囘到教堂懷抱中去的時候，不信上帝的公社，却發現了畢格普斯（Picpus）道院與聖拉倫特（St. Laurent）教堂的祕密＊，這眞使他們這些代表們發怒了。梯亥爾把榮譽勳章賞給拿破倫的將軍們，因爲他們善於打敗仗，善於簽降書，善於在威廉姆斯海捲香煙；可是，巴黎公社却把稍有不盡職懷疑的軍官，即刻撤職與逮捕，這對於梯亥爾不是一種譏刺嗎？公社撤消了並逮捕了那個在里昂曾因破產而受過七天監禁以後又用假名混進公社的公社社員之一，這事對於約爾‧法佛勒（這位僞文件的贋造者，法蘭西的外交總長，將法國出賣給俾斯麥並向無可比擬的比利時政府發號施令）不是有意的侮辱嗎？但公社並不像一切舊政府那樣，自以爲毫無錯誤，公社公佈了一切會議上的演詞，公佈它們一切行動；它將自己一切缺點告訴給民衆。

在一切革命中，除了其眞正代表以外還有另一種人。例

＊ 在聖拉倫特教堂中，發見了一具被敎士所强姦而活埋於墓穴中的女人骨骼。在畢格普斯道院中，藉口說她們是瘋狂，把婦女禁閉起來，她們也陷於同樣的命運。 —— 編輯部註

處罰工人以減低工資（這是一身兼有立法、行政與司法權力的僱主的經常方法,他們把得來的罰金放到自己的腰包中）,違者重罰。同類的辦法還有：將在逃廠主或停工的一切工廠與作坊交給工人合作社,但廠主還有獲得報酬的權利。

公社的財政上的設施是很機智與穩健的。它不得不限於適合城市被圍情形的那種設施。在郝斯曼（Haussmann）治理巴黎時*,銀行公司與建築公司的主人,不知道盜竊了多少錢,當然公社沒收他們財產的權利,比較拿破崙第三沒收與利恩（Orleans）皇宮財產的權利要大的多。何享佐龍皇室與英國的寡頭統治者（他們的財產大部分都是剝奪教堂財產來的）當然是對公社大發雷霆,因為公社從沒收教會財產上面所得的數目還不過八千法郎。

凡爾賽政府在它神思略為恢復、力量略為鞏固之後,便即用最野蠻的辦法,去反對公社。它鎮壓全法國一切言論自由,禁止大城市內的代表會議,在凡爾賽與全法國,遍佈偵探,較第二帝國時代有過之無不及。它的憲兵檢查員,焚毀一切在巴黎出版的報紙,拆着一切寄自巴黎與寄往巴黎的信件。在國民會議中,稍想說一句袒護巴黎的話,卽被狂吠壓倒下去,這種情形,就是在一八一六年地主議會中也是沒有的。凡爾賽人不但對巴黎進行喋血的戰爭,而且還利用收買

---

* 在第二帝國時代,郝斯曼男爵是森縣——卽巴黎城——底知事。他進行了許多新的街道與建築物的工程。

——編輯部註

解放的勇敢的先驅者，所以它又是十足的國際性的。在歸併法蘭西兩省（亞爾薩斯與勞倫兩省。——譯者註）於德意志的普魯士軍隊的面前，公社却使全世界的工人歸於法蘭西方面。

第二帝國是全世界混蛋的快樂節。各國的強盜聞它的號召都爭先恐後的起來，希圖在其歡宴中、在對於法國民衆的剝削中分嘗一杯羹。就是在現在，梯亥爾的右手還是華拉與地方的騙子蓋尼思科（Ganesco），左手是俄國的偵探馬爾科夫斯基（Markowski）。公社給與一切外國人以爲着不朽事業而犧牲的那種光榮。在國外戰爭（因資產階級的叛變而失敗的）與國內戰爭（因它同外來征服者同施陰謀而引起的）的中間，資產階級在全法國組織警察去殘害德國人，以此來表現它的愛國主義。而公社却委任了德國工人充當勞動部長。梯亥爾、資產階級、第二帝國，都用他們對於波蘭人深表同情的大聲叫喊，來經常欺騙波蘭人，實際上他們是出賣波蘭人給俄國，實行俄國的骯髒事情。公社尊重英勇的波蘭子弟，使他們充當巴黎守護者的領袖。爲着顯豁地劃出公社所自覺地開闢的歷史新紀元，公社在普魯士勝利者以及拿破倫軍官所統率的拿破倫軍隊的眼前，推倒了戰爭光榮之偉大象徵——凡登大柱。

公社偉大的社會設施，就是它自身的存在及其工作。它所採取的各別辦法，只能表示出民衆自己管理自己的發展方向。這類各別辦法如：禁止麵包工人夜工，禁止用種種藉口民土地上的抵押債款問題，關於日益增加的鄉村無產階級的問題，關於因新式農村經濟的發展與資本主義的競爭而日漸加速的農民本身的剝奪的問題。

拿破崙第三是被法蘭西農民選舉為共和國的大總統的，而『秩序黨』＊却組織了第二帝國。在一八四九年，法蘭西的農民，到處拿他們的首長去與政府的地方官對立，拿他的學校教師去與政府的教士對立，拿他自己去與政府的憲兵對立，這已經開始表示出他實際上所需要的是些什麼。一八五〇年正月二月內由『秩序黨』頒佈的反動法律，據他們自己承認，是反對農民的。農民原是拿破崙的信徒，因為他把法蘭西大革命和這一革命所給與他的利益，與拿破崙的名氏等同起來了。這種自欺，在第二帝國之下，很快的消失了。過去的成見（在實質上農民是仇視地主的），難道能夠抵抗適合於農民切身利益與急迫需要的公社之號召嗎？

地主們很知道（這是他們所最害怕的），如果公社的巴黎能同外面各省自由傳達消息，那末只要三個月，就會引起全體農民的起義。所以他們如此懼怕地急於用警察來封鎖巴黎，以阻止傳染病的散佈。

公社實是法蘭西社會中一切健全分子的真正代表，所以它是真正國家的政府。但是，又因為他是工人的政府，勞動

＊　秩序黨在一八四八年革命時，團果了保皇黨的大資產階級與地主。　　　　　　　　　　　——編輯部註

收附加稅，一法郞加徵四十五生丁**，可是這事他們却是以革命的名義來做的。現在他們却揭起反革命的國內戰爭，為得要把他們所應支付給普魯士人的五十萬萬賠款的主要重負，加到農民肩上。而公社則相反的，在他一個最初的宣言上面就聲稱，戰爭的重負，應當由它的眞正罪人來担當。公社要解放農民的『血租』，給他以廉價的政府，用公社自己選舉出來而且對公社負責的、僱傭的公社官吏去代替那些吸血鬼，如公證人、律師與法官之流。公社還要給他們除去鄕警、憲兵與公所的專橫；公社還要用啓發他們的學校敎師去代替那些麻木他們頭腦的牧師。法蘭西的農民，首先是會打算盤的，他會覺得，如果付給牧師的錢，不是由收稅者來徵取，而是依照敎區內人民信敎的程度自動捐助，那末這將是非常合理的吧。這就是公社的統治（只有公社的統治）所能直接給於法蘭西農民的重大利益。所以在這裏用不着再多講只有公社才能夠（而且應當）爲了農民利益去解決的那些更複雜與切實的問題了。這些問題：例如像惡魔一樣籠罩在農

---

* 在拿破崙第一顚覆之後，波滂王朝重復當權，它決定對於法國貴族在法國大革命時代被削奪的土地，給與賠償。價給貴族的款項，計十萬萬法郞。——編輯部註

** 一八四八年，資產階級的臨時政府加徵『四十五生丁附加稅』，其目的是要引起無產階級與農民階級之磨擦。政府藉口養活工人的必要來作爲徵收此稅之理由。對於農民所徵收的稅，增加了差不多百分之五十，這使農民起來反對革命與共和國。
——編輯部註

但他們走到工人方面來不但是為了這一原因，他們還感覺到在他們前面只有兩條路，或者是公社；或者是帝國，不論其所打的招牌是什麼。帝國盜竊社會財富，保護交易所投機事業，用人工方法促進資本的集中，並因此而引起了一大部分中等階級遭受剝奪。這樣，在物質方面，帝國只能使中等階級破產；在政治上，帝國壓迫中等階級；在道德上，它奢華浪費，使中等階級惱怒。它將中等階級子弟的教育交給『無知之徒』，侮辱伏爾泰的思想（即思想自由，仇視教會與宗教的思想。——譯者）；它把中等階級拋入於戰爭之中，而經過戰爭的一切災害後所得之報酬，却只是帝國的顛覆，因而又激怒了中等階級的民族感情。自拿破侖第三的高等官僚與資本家的狐羣狗黨自從巴黎出奔之後，以『共和主義者聯盟』（Union Republicaine）名義出現的中等階級的真正『秩序黨，』走到公社的旗幟之下，擁護公社，反對梯亥爾的誣蔑。至於這種中等階級的羣衆能否支持過現在的難關，那將來就會知道。

公社有充分的權利對農民說：『我們的勝利，就是你們的希望！』凡爾賽所放出的，歐洲報館的高貴浪人所傳給全歐洲的最下流的誣蔑，是說國民會議中的地主，是農民的代表。法蘭西的農民，對於他們在一八一五年後不得不償與十萬萬贖金+的人突然發生愛情，這不是該當的嗎？從法蘭西的眼中看來大土地私有者的存在，本身就是對於他們一七四九年的勝利之掠奪。一八四八年，有產者更對農民土地徵社會中已經成長起來的新社會原素。

完全知道自己歷史使命並充滿英勇決心來完成這種使命的工人階級，將以厭惡的微笑去回答那些奴僕的新聞記者的惡罵，去回答那些藉辭科學正確性的奧妙口氣說出愚昧濫調與宗派妄談的資產階級好心信條主義者的博學的教訓。

當巴黎公社負担了革命的領導，當簡單的工人第一次決定侵犯到自己『天生主人』（有產階級）的特權，即其管理的特權之時，他們是在空前艱難的條件之下進行工作的，他們很虛心地、很誠意地而且很有成績地執行他們的工作；他們報酬的最大限度，沒有超過倫敦學校委員會書記所得薪金（如科學界的權威黑胥黎所說之數）的五分之一。但當舊世界看到紅旗——勞動共和國的象徵——飄揚於市政廳時，它眞是氣得發抖了。

這是工人階級被公開承認為唯一的尚有社會創造力的階級之第一次的革命。就是巴黎的中等階級——小販、手工業者、商人，也都承認這一點，只有有錢的資本家是除外的。公社很聰明的解決了常為小資產階級內部爭論原因的債權與債務問題，而拯救了這一階級。✢ 這一部分的小資產階級曾參加了一八四八年對於六月工人暴動的鎭壓，可是接着不久立憲會議便立即毫不客氣地使他們成為他們債主的犧牲品。

✢　國民軍底中央委員會，在三月二十日邊把期票之支付延期至一八七一年十月一日。在四月十八日，巴黎公社頒佈命令，所有債務延期三年償還。　　　　　——編輯部註

似乎資本主義社會，還在處女的純潔與天眞底時代！似乎它的對立還沒有發展，它的自欺還沒有炸破；它的娼妓化了的實際還沒有被揭破！他們說，『公社，——要破壞爲一切文明基礎的私有財產！』是呵，親愛的先生們，公社曾要破壞將多數人的勞動變爲少數人的財富之階級私產；它曾要剝奪剝奪者；它曾要使現在主要成爲奴役勞動的工具與剝削勞動的工具之生產手段、土地與資本變爲自由的與聯合的勞動工具，以造成眞正的個人的私產。

但是，這是共產主義，這是『不可能的』共產主義！可是，在統治階級中竟有些人（而且這些人也並不少）懂得現在的狀況是不能長久存在下去的；他們變成了合作生產的到處傳播、大聲疾呼的鼓吹者了。如果這種合作生產不是一句空話，不是一種欺騙，如果它應當排除資本主義制度，如果這種聯合能依照整個計劃來組織全國生產，把它拿來自己管理，並以此方法去終止在資本主義生產下所不可免的經常的無政府狀態與定期的恐慌，——那我們試問你們，親愛的先生們，這是共產主義，『可能的』共產主義不是？

工人階級並沒有向公社要求奇蹟。工人階級並不會用民衆的決定去實現現成的與完滿的烏託邦。他們知道，為要得到他們自己的解放，爲要達到現代社會因本身經濟力量的發展而強烈的追求着的更高生活的形式，它必須經過堅持的鬥爭，經過完全改造人與環境的許多歷史過程。工人階級不是要去實現理想，而是要去解放那些在舊的崩潰着的資產階級將是不可能的東西，將是一種幻想。生產者的政治統治決不能與他們社會的奴隸狀態的永久化並肩而存。所以公社應當是一種工具，能用來根除階級存在及階級統治所依據的經濟基礎。只要勞動一解放，大家就都是工人，於是生產的勞動不再是某一階級的特徵了。

奇怪的事：雖然最近六十年內，關於勞動解放的著作與言論屈指難數，可是，只要工人們在某一地方把自己的事拿到自己手裏的時候，立刻就發生了現代社會（這社會帶着資本與雇用勞動的奴役之兩個極端，在這社會中，土地私有者不過是資本家的不做聲的夥伴而已）擁護者的辯護的聖歌。

級」。但馬克思並不去發明這個未來的政治形式。他只限於確切地考察法國歷史分析它，並且在一八五一年得出結論：說，事情是在於進到打碎資產階級的國家機器。

『當無產階級底羣衆運動爆發了的時候，雖然這個運動是失敗的，短期的，而且顯然是脆弱的，而馬克思却開始去研究，這種運動究竟發現了什麼政治形式。

『「公社」是由無產階級革命「終究發現了」的形式，在這種形式之中，勞動底經濟解放是可以實現的。

『公社是無產階級革命打破資產階級的國家機器的第一次企圖，並且是「終究發現了」的政治形式，這個政治形式是可以而且必須來代替已破壞的國家機器的。

『我們在後面可以看到，俄國一九〇五年和一九一七年的革命，在不同的環境之中和不同的條件之下，繼續着「巴黎公社」底事業，並且證實馬克思那種天才的歷史的分析之正確。』（列寧：『國家與革命』，中譯本『解放社』版『列寧選集』第十二卷，五五——五六頁）　　　——編輯部註在消滅了軍隊與官僚的兩大宗用款之後，公社實現了一切資產階級革命的口號，——廉價的政府。公社存在的本身，便是專制政體的否定，這專制政體，至少在歐洲是階級統治的經常的重負與不可免的假面具。公社給共和國築下了眞正民主機關的基礎。但是，不論是『廉價的政府』或是『眞正的共和國』，都不是它的最後目的，兩者都不過是它的附帶物而已。

對於公社的解釋之多以及公社內所反映的利益之多，證明出它是異常生動的擴展的國家形式，而一切以前的政府形式，則在他們本質上都是壓迫性的。公社的秘密，就是在它本質上是工人階級的政府，是生產階級反對佔有階級的鬥爭的結果，是最後終於發現的、並在其中能夠完成勞動底經濟解放之政治形式。†

如果沒有完成勞動底經濟解放的條件，那末公社的建設

---

† 列寧分析了馬克思從巴黎公社經驗中所得到的極端重要的教訓。他寫道：

『烏托邦主義者，從事於各種政治形式之「發明」，使社會主義的社會的改造得在這些政治形式之下實現。無政府主義者，則對於任何政治形式的問題都置之不理。現代社會民主黨底機會主義者認爲代議制的民主國家底資產階級的政治形式，是不可超越的界限；他們在這個「標本」之前祈禱，磕破了頭額，並且把每一個打碎這些政治形式之企圖，都視爲無政府主義。

『馬克思從社會主義和政治鬥爭之全部歷史中得一結論說：國家是必然要消滅的，而國家消滅之過渡時期（從有國家到沒有國家的過渡時期）底政治形式，就是「組成爲統治階級的無產階

產的有力的因素了。人們也錯誤的以為公社與國家政權的對立，是反對過渡集中的舊鬥爭的擴大形式。在某幾個國家內資產階級政府形式的充分發達（法國是其標本），曾為某些特殊歷史條件所阻礙，這些條件如在英國就造成這種情形，就是，主要的中央之國家機關，還有納賄藏垢的教育委員會（Yestries）、自私自利的市政委員，城市內貧窮法的很心的督察者與鄉村中實際上世襲的法官來加以補充。公社的建設將能把那些直到現在為這『國家』寄生蟲所吮取的力量（這寄生蟲依社會為生並阻止社會的自由發展）重新還給社會。只此一點，它便足以幫助法蘭西的復活了。

各省城市的資產階級，以為公社是企圖恢復路易斐立伯時代他們對於鄉村的統治，這種統治，在拿破倫第三時代，是被鄉村對於城市的假裝的統治所排除了。實際上，公社的建設是要將鄉村的生產者放在他們區域的主要城市的思想領導之下，並在那裏保證有那些城市的工人來作為他們利益的天生的代表。公社存在的本身已經自然而然地包含了地方自治，但這地方自治，已不再和那種現在已經無用的國家政權相對立了。只有俾斯麥那種人，這種人，除了以鐵與血為首的陰謀以外，常時喜歡重操舊業，為那個適合於他思想力的『Kladderadatch』雜誌（柏林的滑稽雜誌）撰文。——只有這種人，才會想到說，巴黎公社本質上是要做效普魯士的城市組織（這種組織實是一七九一年法蘭西城市組織的滑稽摸倣，它使城市政府變成普魯士國家警察機關的附屬輪子）。

知道，社會正像個人一樣，常常能夠為其自己的實用事業找到適當的人選，就是有時犯了錯誤，也能夠很快地把錯誤改正。另一方面，公社依照它的本質，自然反對把等級的官職授任去替代選舉制。

新的歷史創造的通常命運，是在於它們（指新的創造。——譯者）往往被人家看做是舊的、已經過去的、同它們有些相像的社會生活形式之照像。新的公社也是如此。破壞了現代國家政權的巴黎公社，也被人家看做是在這國家政權發生以前存在的並且以後為這國家政權基礎的中世紀公社之復活。人們很錯誤的以為公社的建設，是企圖以小國家的聯合（孟德斯鳩與基龍特派++曾夢想了這點）去代替大的民族的統一，這種統一雖是用暴力造成，但現在卻已成為社會生

+ 關於議會制度的這一個特徵，列寧寫道：

『馬克思對於代議制這一種特出的批評，由於現在社會國家主義和機會主義的統治，也被人「忘卻」了。……』

每數年一次去解決統治階級中何人應當在國會中來摧殘和壓迫民眾——這便是資產階級的代議制的本質，不僅在國會制的立憲的君主國裏是這樣，即在最民主的共和國中也是這樣。』（列寧：『國家與革命』，中譯本『解放社』版『列寧選集』第十二卷四四，四五頁。）——編輯部註

++ 基龍特派是法國大革命時代工商業資產階級的政黨。他們要使革命失去領導，要削弱革命力量的集中，所以企圖把法國轉化成為一個聯邦國家，並破壞革命巴黎之領導作用（在巴黎甲可賓派——急進小資產階級政黨——所領導的市社，成了革命羣眾反對基龍特反動的革命鬥爭組織中心）。——編輯部註

一樣，現在也變成公開選舉的、負責的與可以調換的了。

　　巴黎公社，自然應當是法國一切大工業中心的榜樣，公社一建立於巴黎與其他次要的中心，那集中的政府，在各省也要讓位給生產者的自治機關。在公社尚未能詳細規劃定當的全國公社組織大綱中，明顯的說明公社甚至應該成為最小鄉村的政治形式，而全國常備軍，應由短期供職的民兵來代替。在一區（distric）的主要城市召集的全權代表會議，應當管理這一區內一切鄉村會社的公共事務。而這些區的會議，應當派全權代表到召集於巴黎的全國代表會議上去；全權代表嚴格遵守選民的指令並且任何時候可被更調。其餘尚被留給中央政府的不多可是重要的那些職能是不應當被廢除（說廢除是故意胡說）的，而是應該轉交給公社的即完全負責的官吏。國民的統一不但不因公社的建設而破壞，反因這建設而組織起來。由於國家政權的消滅，這種統一變成了真正的統一，這種國家政權，雖自以為是這統一的具體的表現，自以為是超於國民之上，離國民而獨立，可是實際上却不過是國民身上的寄生蟲而已。在破壞了只為壓迫之用的舊政權機關之後，公社便從這個自以為是超越社會之上的政權手裏，奪下它的合法的職能，而把它們交給負責的社會公僕。現在不是像以前那樣，人民三年一次或六年一次選舉某一個統治階級分子，到國會＊中去代表人民與壓迫人民，現在普選權應當為那些組織於公社中的人民服務，正像個人的選舉權為僱主服務，替他企業挑選工人，管理員與管賬員一樣。大家下令解散並沒收一切擁有財產的教會。教士們應當回復到他們前輩（使徒們）所過的刻苦的生活中去，依賴信男信女的慈悲來生活。一切學校脫離國家與教會影響，大家可以免費進去。這樣，學校教育變成了大家可以享受的東西。科學上被階級成見與政權所加上的桎梏，也被揭去了。法官的表面上的獨立（實際上不過遮蓋他們對於交替着的政府的服從）也被取消了。他們對於每一政府，曾經宣誓盡忠到底，可是對於每一政府，也曾經叛變不顧，他們如像社會的其他公僕

　　＊　公社是一個新形式的國家，關於這一特徵，列寧寫道：
　　『「不是議會的而是工作的」機關　　這是直接對準着現代社會民主黨議員們和國會「守房門的小狗們」說的！請吞任何一個議會的國家，由美國至瑞士，由法國至英國，哪處等等：眞正的國家大事是在後台辦理，而且由各行政部、事務廳、參謀部執行的。而在國會裏，僅僅藉空談來達到愚弄「平民」的特本目的而已。』
　　『「巴黎公社」採用了新的制度來代替資本主義社會底賣身的腐敗的代議制，在這種新的制度之下，判斷和討論的自由，就不是一種騙人的勾當；因為代表們必須自己工作，必須自己執行他們自己的法律，必須自己來檢察實際生活所得的結果。而且還必須自己直接來對選舉者負責。代表機關此地還存在着，可是作為一種特殊系統、作為立法和行政底分工以及作為議員們之特權位置的這種代議制，已經沒有了……』
　　『要把官吏制度到處立刻澈底消滅，這是談不到的。這是一種烏托邦。但是一舉而把舊的官吏機關打破，而立刻開始建設一個新的組織，使漸次能夠消滅一切官吏制度——這並不是一個烏托邦，這是「巴黎公社」底經驗，這是革命的無產階級之直接的當前的任務。』（列寧：『國家與革命』，中譯本『解放社』版『列寧選集』第十二卷，四五、四七、四八頁）　——編輯部註

共和國的確定的形式。

　　巴黎會是舊政權的駐在地與中心，同時也是法蘭西工人階級的社會中心。這個巴黎，拿着武器實行起義，反抗梯亥爾及其地主議會要將帝國所遺傳下來的舊政權恢復起來並傳之百世的那種企圖。巴黎之所以能夠抵抗者，只是因為在普軍的圍困之下，它沒有了軍隊而有國民軍來代替，這種國民軍，大部分是由工人組成的。這事實必須成為堅固的制度。所以公社的第一條命令，就是關於廢除常備軍代之以武裝民眾的命令。

　　公社是按照普選制，由巴黎各區域選舉出城市代表來組成的。他們是完全負責的並且隨時可以更換的。他們的大多數自然都是工人或被認為是工人階級的代表，公社應當不是國會的機關，而是工作的集體，聯合立法權與行政權於一身的。向來為國家政府的工具之警察，立刻被革除了它的一切政治機能而變為公社的負責機關，隨時可以調換。其他一切行政機關的官吏也是一樣。從公社委員起，自上而下一切為社會服務的人員，都只給以工人的工資。一切國家最高官吏的特權與辦公費，現在都隨着這些官吏本身的消滅而同歸消滅了，社會的任務，不再是中央政府寵兒的私產了。不僅是城市的管理，而且一切向來屬於國家的主動權，都歸於公社了。

　　在消滅常備軍與警察（舊政府的物質權力的武器）之後，公社立刻開始摧毀精神壓迫的工具，即教會的力量。它工人階級的救主，其根據是說它破壞了國會主義以及與之一起的政府對於有產階級的公開的服從，同時它又自稱為有產階級的救主，其根據是說它擁護有產階級對於無產階級的經濟的統治。最後，它聲稱要聯合一切階級於國家光榮的、重新復活的怪物的周圍。事實上，在資產階級已經失去了統治能力，而無產階級尚未得到這種能力的時候，帝國是唯一可能的統治的形式。全世界歡迎這帝國，把它看作是社會的救主，在它的統治之下，資產階級社會解除了政治的顧慮，達到了它所夢想不到的這樣高度的發展，工商業大大的擴張起來，交易所的投機，慶視着自己縱橫世界的歡樂；民衆的貧困，同無比的奢侈（用欺騙與犯罪得來的），尖刻的互相對照着。表面上高高立在社會之上的國家政權，實際上正是這一社會的最大的恥辱與一切可鄙東西的養成所。渴望把這一統治制度的重心從巴黎移到柏林去的普魯士刺刀，將這國家政權及其所拯救的社會之一切腐敗都揭露出來了。帝國主義（是指法國帝國的統治形式，卽拿破倫主義——譯者）是新與資產階級社會所建立的國家政權（這政權本為它用來作為從封建社會解放出來的工具，並且在它完全發展時，轉成替資本奴役勞動的工具）之最娼妓化的最後的形式。

　　公社是同帝國直接相反的。巴黎無產階級用了歡迎二月革命的『社會共和國萬歲』的呼聲，不過是表現出他們要想建立這種共和國（這共和國不但要消滅階級統治的專制公式而且要根本消滅階級的統治）的模糊的傾向。公社就是這種了保皇派的有產者與土地所有者階級，他們可以安心的把管理的麻煩與裝全身的利益交給有產者的共和黨人。但是，在這一次六月的大事業之後，有產的共和黨人不能不從『秩序黨』的首列退到最後一列，——一種由有產階級所有各個敵對的黨派組織起來的聯合，他們現在同生產階級公開對抗：他們共同管理的最適宜的形式，是那以拿破崙爲總統的國會主義共和國。這是一個狂暴的階級恐怖的政府以及有意侮辱『下流羣衆』的政府。照梯亥爾講，國會主義共和國，是使統治階級的各派別最少分裂的一種統治形式，可是它在人數很少的階級與生活於這階級之外的全部社會機體二者之間，却挖了一條鴻溝。如果在從前的時候，統治階級內部的爭執使國家的政權受相當的限制，那末，現在因爲有產階級的聯合，這種限制已經沒有了。由於無產階級的起義的威脅，聯合起來的有產階級，使狂暴地、無情地利用國家的政權，作爲全國內資本壓迫勞動的武器。但是，反對生產者羣衆的十字軍的征伐，一方面不能不以更大鎮壓抵抗的權力給與行政當局，另一方面，又從國會的堡壘（『國民會議』）逐漸剝奪它反對行政當局的一切工具，結果，代表這行政當局的拿破崙第三驅散了這些有產階級的代表。所以，第二帝國實是『秩序黨』的共和國的自然結果。

這一以國家政權爲誕生證書、以普選爲批准、以寶劍爲王笏的第二帝國，聲稱要依靠於農民，卽依靠於那沒有直接參加資本與勞動間的鬥爭之廣大生產羣衆之上。帝國自稱是變動的影響之下，它的政治性質也變動了。隨着現代工業的進步，使資本與勞動的對立往前發展與深入，同樣的國家的政權，也愈是獲得了奴役工人階級的社會權力的性質，即階級統治的機器的性質。每一次革命表示出階級鬥爭已經進了一步，在每一革命之後，國家政權的純粹壓迫性質也愈是表顯得明白了。一八三〇年的革命，把政權從土地所有者的手裏奪下來交給了資本家，就是說，從工人階級較遠的敵人手裏奪下來交給了它的較近的敵人。資產階級的共和黨人，以二月革命的名義奪取了國家的政權，並且利用了這政權舉行了六月的屠殺，這種屠殺告訴了工人階級，所謂『社會的』共和國，不過是共和國對於他們的社會的奴役，同時又告訴

『⋯如果你讀到我的（拿破倫第三政變記）一書最後一章，你就可以看見我認爲法國革命以後的企圖，是在於：並不是把官僚和軍事的機器從一手轉交他手，如今日以前一樣，而是要破毀它；而歐洲大陸上任何一個眞正的民衆革命之先決條件，正是如此。我們英勇的巴黎同志們底企圖，也恰恰就在這裏。』（馬克思致顧格曼書信集，俄文至少有兩種版本，其中有一種版本是由我校訂並由我作序的。）

『「破毀」（官僚和軍事的國家機器）這幾個字，已經把馬克思主義關於無產階級在革命中對國家的任務問題之主要的教訓簡明地表白出來了。現在盛行一時的考茨基主義在對於馬克思主義的「解釋」中所完全忘却了的，並且公開曲解了的，也正是這個教訓：』（列寧：『國家與革命』，中譯本『解放社』版『列寧選集』，第十二卷五二頁） ── 編輯部註

** 這是英、俄、普、奧、及西班牙等國聯合起來反對革命的法國之戰爭，後來是反對拿破倫第一底帝國的戰爭。

── 編輯部註

分工原則而建立起來的機關（常備軍、警察、官僚、僧侶與法官），自絕對君主時代起卽形存在，那時它是充當新興資產階級社會向封建制度作鬥爭的有力的武器。但貴族的與地方的特權、城市的與行會的壟斷以及各省的法規，——一切這些中世紀的骯髒的東西一掃而盡，並爲現代的國家建築廓清了社會的基礎。這座建築，在第一帝國時代（這帝國本身是在舊的半封建歐洲聯合反對法蘭西的戰爭中造成的）已經成立起來了。在統治形式往後的發展中，政府服從了國會的統制，卽服從了資產階級的直接的統制。它一方面變成了廣大的國債與重稅的出產所，它所擅有的行政力量，收入與位置，吸引了統治階級中的競爭的黨派與冒險家，使他們把它變成了爭奪名利之場；他方面，在社會經濟

顯地看出來。在序文中說，『共產黨宣言』底綱領，『在某些地方是過時了的。特別是巴黎公社證明了：工人階級不能簡單地奪取現成的國家機關，而運用來達到自己的目的。……』

對於這一點，列寧寫道：

『非常令人注意的一件事，就是恰恰這個重要的修改被機會主義者曲解了，而「共產黨宣言」底讀者卽使沒有百分之九十九大概也有十分之九不明瞭這個修改的意思。對於我們上面所摘引的馬克思底名言之流行的庸俗的「了解」，在於認爲：似乎馬克思在這裏着重遲緩發展底觀念而與奪取政權對立起來，諸如此類等等。

『實際上正是相反。馬克思底意思就在於：工人階級應當破壞並打碎「現成的國家機器」，而不僅限於簡單地奪取這個機器。

『一八七一年四月十二日，就是說，正在巴黎公社的時候，馬克思寫給庫格曼的一封信裏說：

倫在他的刊物上驕傲地說道，會議很和好的召開着（I Assemblee siege Paisiblement），並且以他同自己將軍們（十二月政變的英雄們）以及同德國學者們的歡宴，來證明他的胃口非常好，就是萊康德與克萊孟湯姆的鬼影也不能使它受到絲毫的損失。

三

一八七一年三月十八日早晨，巴黎爲『公社萬歲！』的如雷的喊聲所驚醒了。但公社，這給予資產階級的腦筋以如此難題的士芬克斯（Sphinx，希臘神話中人頭獸身的怪物。——譯者）究竟是什麼東西呢？

在中央委員會三月十八日宣言上面說道：『巴黎無產階級，看到統治階級的失敗與叛變，知道他們應該起來將社會事務的管理權拿到自己的手裏以拯救國家的時間，已經到來了。…他們懂得他們有至高的責任與絕對的權利來做他們自己命運的主人翁，並把政權拿到自己的手裏。』

但是工人階級不能簡單地奪取現成的國家機關而運用它來達到自己的目的＊。

集中的國家政權及其到處存在的、基於系統的與皆層的

＊　馬克思在這裏明白陳述巴黎公社底根本教訓之一。馬克思與恩格斯以爲這個教訓是有偉大的意義的，這從他們在一八七二年六月二十四日寫的『共產黨宣言』序文中所說的話就可很明

像梯亥爾及其領着教會的黨徒之類的人！可是槍殺被捕者的行動暫時是停止了。但當梯亥爾同他的將軍們——一八五一年十二月政變的英雄——知道了巴黎公社的報復的佈告不過是一種恐嚇，沒有發生實際結果，知道了就是混進國民軍中以後被捕的偵探以及帶着放火的彈藥因而被捉的警察，也遭到赦免；於是，他們又開始大批槍殺被捕者，一直繼續到最後。國民軍躲藏的房子，被衛兵所包圍，四周灌以洋油（在這次戰爭中，第一次用到了它）加以焚燒；燒焦的尸身，後來爲台爾恆街印刷所的救護站所運出。四月二十五日在貝爾愛彬被馬隊繳械的四個國民軍兵士，被這馬隊的隊長（值得加里弗的讚揚的）一個個槍斃了。其中有一個兵士叫希勿爾（Scheffer）的，雖中槍而實未死，他拚命地蛇行至巴黎砲台，將這件事實告訴了公社的一個委員會。當託蘭（Tolain）對於這一委員會的報告向軍事總長李弗洛提出質問時，『地主議會』的代表們，竟用狂喊的聲音蓋住他的發言。並且，不准李弗洛去作答覆；竟敢說起他們『光榮的』軍隊的行動來，這簡直是侮辱！當梯亥爾的刊物以肆無忌憚的口氣登載出在母林沙蓋（Moulin Saquet）打死睡着的公社社員、在克拉馬爾（Clamart）實行大批屠殺的消息時，就是向來不大有感覺的倫敦泰晤士報也覺得有些刺眼。但是要——數出砲擊巴黎、在外國侵略者保護之下發起奴主暴動的那種人底暴行，那簡直是無效的嘗試。在所有這些暴行中間，梯亥爾把他關於自己的那矮子肩膀所負担的可怕責任之國會辭令忘記了。

豔。我們勇敢的朋友杜佛爾（Duval）將軍——他是一個鑄匠——不經過任何的審訊手續卽被槍決了。嘉里弗（Gallifet）他的妻子在第二皇朝的御宴席上，曾何等不要臉的脫光她的身體給大家看的，在宣言中自己誇耀說，正是他把當時被他衞隊所突然包圍與解除武裝的一小隊國民軍及其隊長與副官加以屠殺。從巴黎逃出的維諾衣，因爲他發佈了命令要槍殺從公社方面捕來的任何作戰的兵士，就從梯亥爾那裏得到了大勳章。憲兵台思馬朗，因爲他像屠夫一樣，將勇敢的與寬大的佛羅倫——就是那個於一八七〇年十月十一日救了國防政府官吏的頭的佛羅倫——切成細片，也得到了獎章。關於殺他的『動人的詳細情形』，梯亥爾很滿意的在國民議會的一次會議上作了敍述。他如像那種得人家批准而扮演太美朗（Tamerlan）的國會小子一樣，帶着自大的虛榮，拒絕給與那些起來反對他這卑賤小人的起義者以交戰的對方的權利，他甚至不承認他們的救護站有中立的權利。猴子如一旦得到滿足其老虎本能的權力，就比什麼東西都壞（關於這種猴子，伏爾泰（Voltaire）曾經給我們描寫過）。

　　巴黎公社在四月七日，發佈了以報復相威嚇的訓令，並認爲自己的責任，是在於『保護巴黎不再受凡爾賽強盜的虐殺，並要求以眼還眼，以齒還齒』。但在這以後，梯亥爾對於被捕者的野蠻行動，還是依然如故；他還是那樣的侮辱他們，在他的日刊上說『忠實人可憐的目光從沒有見過再要墜落些的面孔，再要墜落些的民主派』。這所謂忠實人，正是級』的行動却同他們相反。一八七一年的中央委員會，簡直沒有注意到那些四散奔逃的『和平示威』的英雄們，所以在二天以後，他們就能夠在海軍大將賽士(Saisset)的統率之下舉行他們的『武裝』示威遊行，而其結果，則是羣向凡爾賽逃奔，這是他們領先打算好了的。中央委員會對於由梯亥爾夜襲蒙馬德爾所引起的國內戰爭，還是堅持拒絕，這簡直是重大的錯誤：當時它應該立卽令軍隊追到當時沒有充分防禦的凡爾賽去，把梯亥爾及其『地主會議』的陰謀一次的斬草除根。中央委員會不但沒有做到這一點，反而容許『秩序黨』重新能夠在三月二十六那一天的巴黎公社而選舉中試用它底力量*。在那天，『保守秩序的人們』在巴黎的各市區大作其調和的演詞，表示願意同他們的過於大度的勝利者言歸於好，可是在他們心中當然是在莊嚴地立誓要在相當時候將他們屠殺消滅。

　　現在來看一看另一方面吧。梯亥爾在四月初向巴黎作第二次的進攻了。對於被俘到凡爾賽的第一批巴黎人，採取了最殘酷的手段。歐納斯特畢加爾把兩手插在袴袋中，在他們周圍走來走去，並且譏笑着他們，而在尊貴（？）太太們團繞中的梯亥爾夫人和法佛勒夫人等，則從樓台上對凡爾賽暴徒的罪行拍手喝彩。被捕的戰鬥部隊的兵士們，就被當場槍

---

*　馬克思在寫給顧格曼的信（一八七一年四月十二日）中，已說到了中央委員會底這些致命的錯誤。　——編輯部註

巡查員與哨兵加以侮辱並解除武裝。當他們從和平街出來到凡登廣場的時候，他們便高聲狂喊：『打倒中央委員會！』『打倒儈子手！』『國民會議萬歲！』同時企圖衝破自衛軍哨兵的警戒，猝不及防地襲取在該警戒線之後的國民軍的總司令部。對於這般暴徒們的手槍射擊的回答，起初還僅是採取普通的驅散行動；可是，當後來一見這個方法不發生效力的時候，國民軍指揮官就下令發槍還擊。一次射擊就把那些『空頭』的烏合之衆打得四散奔逃，這些人夢想着以爲只要『體面社會』一出現，對於巴黎革命就會發生像依蘇那維納的喇叭聲對於葉利巷城壁所發生的那樣的影響。被這些逃奔的『遊行者』殺死的，有國民軍二人，重傷者九人（在這九人當中，一個是中央委員會的委員）。而在這次『秩序黨』人的偉業所發生的地方，到處都散棄着他們的手槍、刺刀、寶劍等一類的武器，這正是他們的『徒手』的『和平示威』的證物！可是在一八四九年六月十三日那一天，當國民軍爲了抗議法蘭西軍隊之窮兇極惡地攻佔羅馬而舉行眞正和平的示威之時，當時『秩序黨』的將軍向加爾尼（Changarnier）就令其軍隊四方面向這般徒手的遊行民衆衝來，把他們槍斃的槍斃，刀斬的刀斬，用馬蹄踐踏的用馬蹄踐踏；而這樣的向加爾尼，却因這次的屠殺而被國民會議——特別是梯亥爾——推崇爲『祖國的救主』。巴黎當時宣佈了戒嚴，杜福爾就急在國民會議中通過了許多壓迫民衆的法令，實行許多新的拘捕與充軍，形成了新的恐怖的統治。但是那時『下等階的那些犧牲者底寃鬼們,都在他們面前站起來了。但是他們所受的唯一處罰,只是這種驚惶罷了。警察們不但沒有被解除武裝或被幽禁起來如所應做的那樣,而且大開巴黎之門讓他們自由的逃往凡爾賽去。那般『保守秩序的人們』,不但沒有遭受任何傷害,而且還給與他們在巴黎中心集合力量、鞏固他們許多地位的可能。中央委員會的這種謙讓,武裝了的巴黎工人的這種寬宏大量,按照那般『秩序黨』的習慣來看,是如此的奇異,使得這些秩序黨人竟加以誤解,以為這是工人們自覺能力薄弱的表現。這就是為什麼『秩序黨』人想到了那樣無意義的計劃,要用和平的示威遊行的方法來獲得維諾衣曾用他的大砲所沒有得到的東西。三月二十二日,從最華富的市區,出現了叫囂不堪的一夥『時髦的人士』,所有巴黎城中的『闊人少爺』都參加,為他們首領的,都是些最昭著的皇親國戚——如海開倫(Heeckeren)、可哀脫羅恭(Ccétlogon)、安黎本(Henri de Pene)之類的東西。這一羣懦怯地以和平遊行為名的暴徒們,祕密地用殺人犯的武器武裝起來,把他們於遊行中在街上所遇到的許多國民軍

※ 在一八七一年一月二十二日,又發生一個新的推翻國防政府的企圖。暴動底直接原因是國民軍在波逐維閣(Bucenval)之敗北(一八七一年一月十九日),行將休戰與任命維諾衣將軍為巴黎軍事司令官之謠傳。一月二十二日的暴動,正與十月三十一日的暴動一樣,其特徵就是決斷不足團結不夠,並且對羣衆的組織聯絡也不夠。在鎮壓這次暴動時,死傷三十人,其中有婦女與小孩。——編輯部註

是與普魯士人作戰，而是與巴黎國民軍作戰。他竭其全力阻止他們的全體武裝；他嗾使資產階級的幾營部隊來攻打工人的隊伍；他排斥了許多不同意於脫羅秀『計劃』的軍官；並且誣衊無產者幾營兵懦怯而加以解散；可是這幾營部隊的英勇果敢，現在就是最狂暴的敵人們也對之驚奇不置的。克萊孟湯姆現在覺得十二分的驕傲，因為在他又能在實際上表示出他個人對於巴黎無產階級的仇視，這種仇視在一八四八年六月的屠殺中，是已很顯赫地表現過了的。在三月十八日以前的幾天，他把自己『根本結束巴黎惡徒之花』的計劃，呈到軍事總長李福洛（Leflô）面前去。到了維諾衣失敗以後，他又不得不裝着愛好藝術的假相，充當間諜來現身於舞台之上。中央委員會和巴黎工人對於克萊孟湯姆和萊康德兩人之被殺所負的責任，正像威爾士（Wales）公主對於當她進倫敦那一天因擁擠過甚以致有些人被踏死的那事所負的責任一樣。

所謂凡登廣場上屠殺赤手空拳的民衆，這簡直是一個子虛烏有的神話。梯亥爾和地主議會中的代表們永遠對於那件事一字不提，實不是無因的。散佈這點的任務，他們委託給歐洲新聞界的奴僕們去幹了。

『保守秩序的人們』，——巴黎的反動分子們，一聽到三月十八日革命勝利的消息，大家都戰慄起來了。在他們看來，這革命的勝利就是民衆壓迫的接近。從一八四八年六月事件那幾天直到一八七一年一月二十二日*遭他們毒手殺害六月屠殺的前夜的事。他在那次屠殺當中，與約爾・法佛勒同為兇惡的準備者；並且還在屠殺中起了最卑鄙的劊子手的作用。在那次事件以後，他帶着他的將軍職位隱沒了好久，直到一八七〇年十一月一日，才又見他出現了。在那一天的前夜，**被執於市政廳中的『國防政府』，十二分壯嚴地允諾了勃朗基、弗羅倫以及其他的工人代表們說，願意把他們所已奪到的政權轉交給巴黎民衆所自由選舉出來的巴黎公社之手。可是國防政府後來却食了約言，並且慫恿脫羅秀將軍的布里頓人（Bretons）（這些布里頓人現在代替了拿破崙的高爾西限人（Corsicons）的地位）來反攻巴黎。當時唯有泰米西（Tamisier）將軍一人不願意幹這種不守信義的勾當，辭去了國民軍總司令之職。代替他職位的克萊孟湯姆因此又做了將軍了。在克萊孟湯姆做總司令的服務期間，他不

---

* 其職務是遇報紙被控告判罪時就由他受禁閉。

——編輯部註

** 一八七〇年十月三十一日，曾企圖了推翻國防政府而奪取政權。引起這個運動之動機，是下面這些風傳：說，法國方面行將與普魯士軍成立休戰，國民軍在蒲爾熱敗北，麥次出降。國民軍有一隊（大部分是由工人所組成的）在勃朗基主義者領導之下佔領市政廳，宣佈推翻舊政府，成立新政府，由新政府組織公社的選舉。但新政府並沒有以廣泛的羣衆為基礎，而表現不堅決與動搖。它與被扣的國防政府的官員開談判，得到了他們的口頭上的允許，說在十一月一號舉行公社選舉，並宣佈大赦。在這個時候，資產階級的警備軍有幾隊被調到市政廳來，在十一月一號早晨，他們佔領了市政廳，恢復了國防政府的權力。

——編輯部註

榮的工人革命完全統治了巴黎。中央委員會就成為當時的臨時政府。歐洲各國一時還懷疑了這種眩人眼目的國家激變和軍事激變之真實性。難道這不是從久已過去的事件中所發生出來的大夢嗎？

從三月十八日到凡爾賽軍隊衝入巴黎的時間，無產階級革命完全沒有被『上等階級』的革命中尤其是他們的反革命中所固有的橫暴行為所佔汚。它（指巴黎無產階級革命）的敵人們，除了說它殺戮萊康德（Lecomte）和克萊孟湯姆（Clement Thomas）兩個將軍以及凡登（Place Vendôme）廣場上的衝突以外，是沒有其他藉口可以來非難它的。

萊康德將軍是拿破倫的軍官，他是參加夜襲蒙馬德爾的一人，他曾經四次發令，命其部下第八十一團兵士射擊比加爾（Place Pigale）廣場上赤手空拳的羣眾；當兵士拒絕執行他的命令時，他就備極卑劣地侮辱他們。當時他的部下，沒有去射擊赤手空拳的婦女和小孩，而却把他槍决了。受工人階級敵人長久薰陶的士兵習慣，在他們初初轉到工人方面來的時候，自然一下子是不容易改變的。他們也殺死了克萊孟湯姆將軍。

克萊孟湯姆『將軍』從前是一個不得志的小軍需官，在魯易斐立伯在位時的末年，他加入共和派所辦的『國民報』的編輯部，在這些燥急的報紙上，他一面是負責的傀儡，同時又是作戰的鬥士。二月革命之後，國民報一派人把政權握到了自己手中，他們就把這位老的軍需官升任將軍，這還是為法蘭西事業而鬥爭，用革命的手段去推翻當時的政治和社會制度，推翻造成第二帝國並且在帝國庇護之下使法國達到完全腐敗地步的那種政治和社會制度，只有這樣，才能把法蘭西從完全覆滅的災禍中挽救出來使它重新走上新生命的道路。忍受了五個月飢饉痛苦的巴黎，對於這種選擇是沒有片刻猶豫的。它充滿着英氣勃勃的勇敢，它決定担受向法蘭西反革命陰謀家進行鬥爭的重負。雖然那時從堡塞上有普魯士的大砲向它威嚇亦所不顧。但是當時的中央委員會因為對於威脅着巴黎的內戰抱着一種厭恨，所以，縱有卜都議會之挑釁、行政部之橫加干涉以及大批軍隊之屯集巴黎及其四周，它始終還是保持一種自衛的態度。

而當這個時候，梯亥爾自己先開始內戰了。他派遣維諾衣率領了好多警察和一些軍隊，在夜間作偷盜式的出征，以襲擊蒙馬德爾，意圖在彼處用迅雷不及掩耳的方法奪取國民軍的大砲。這一企圖後來因為國民軍的堅強抵抗以及軍隊和民衆的友愛聯歡而遭受了失敗，這事是大家所知道的。可是在事前，奧雷爾‧特‧巴拉丁已經印好了勝利的公報，梯亥爾也早已預備好了告示來宣佈他完成政變所採取的辦法。現在梯亥爾不得不把這種公報和告示改為另一宣言，在這宣言中，他宣佈他自己的『大量』，決意將武器賞給國民軍，並希望使用這些武器來保護政府以與叛徒鬥爭。可是在三十萬國民軍當中，只有三百人響應這個宣言，願意集合到小人梯亥爾那邊去，擁護他來打他們自己的弟兄。三月十八日，光武裝的第一步,也就是要把九月四日的革命解除武裝的第一步。可是這個革命,已經是法蘭西合法的國家的形式。這次革命的果實——共和國,已經在投降書上爲勝利者所正式承認了。在那次投降之後,它已爲一切外國列強所承認,並且曾經以它(共和國)的名義召集了國民會議。九月四日,巴黎工人的革命,是卜都國民會議及其行政部之唯一合法的基礎。假使沒有九月四日的那次革命,那末這個國民會議就應當把自己的權位讓給一八六九年在法蘭西統治之下而不在普魯士統治之下用普選法所選舉出來,以後又被革命所武力解散的立法院了。梯亥爾和他的『得到赦書的人們』也一定會向拿破倫第三投降,請求他簽字保護免得充軍到開薩(Cayenne)✠去。能夠運用全權來與普魯士媾和的國民會議,僅僅是這次革命中的一個插話而已,至於革命的眞正的體現者却還是武裝的巴黎,發動革命的巴黎,爲革命而忍受了五個月的圍困備嘗了驚恐與飢饉的巴黎,並且不爲脫羅秀詭計所動以持久的抵抗而使各省有可能進行堅決防禦戰爭的巴黎。可是現在,這個巴黎,在卜都叛亂的奴隸主的侮辱命令之下或者不得不實行解除武裝,並且,承認九月四日的革命沒有別的意義,而只是把政權從拿破倫第三手裏轉給他的競爭者保皇黨人的手裏;或者,巴黎不得不用犧牲的精神挺身出來

✠ 開茵(Cayenne) 南美洲的法屬基阿那(Guiana)之首都,犯人放逐地。　　　　　　　——編輯部註

分公開地主張的。倘使地主議會中代表們底憤怒的鼓噪還不夠清楚的話，那末梯亥爾底讓出巴黎而把它拿來獻給十二月殺人犯維諾衣、拿破倫弟三時代憲兵瓦侖頓和耶穌將軍奧雷爾・特・巴拉丁三人所組織的三人執政政府來支配，這事是絲毫沒有可以懷疑的餘地了。這些陰謀者，並不掩蓋他們解除巴黎武裝的眞意，可是同時又以最顯然最無恥的謠言爲藉口，直接要求巴黎卸下自己的武器。梯亥爾聲明說，『巴黎國民軍的大砲是屬於國家的，所以應當歸還國家』。其實，事情是如此的：自從獻城的那天，當俾斯麥的俘虜們把法蘭西出賣給他，並懇求了將一大部分軍力留給自己以爲壓迫巴黎之用的時候起，巴黎已經武裝起來了。國民軍自己已經改組過了，已把最高的指揮權完全付託給一個由全體國民軍兵士（除了拿破倫派的幾個部隊）所選擧出來的中央執行委員會。在普魯士軍隊進入巴黎的前夜，中央委員會設法把投降的叛徒們奸惡地丟棄於將爲普魯士軍所進據的一帶地方之一些大砲和機關槍搬運到蒙馬德爾（Montmartre）、拉・維勒脫（la villette）和祕爾維爾（Belleville）等市區去。這些大砲本是國民軍自己集款置備的。在正月二十八日的投降書中，大砲曾被正式承認是國民軍的私有財產，因此當時未曾被列入政府繳給敵人的一般軍械中去。但是梯亥爾却因實在沒有理由來向巴黎民衆宣戰，所以乃不得不捏造無恥的謠言，說國民自衛軍的大砲是國家的財產！

　　謀奪此項軍械，很明顯的，自然不過是普遍的解除巴黎嚴又復恢復了；十二月二日的英雄維諾衣（Vinoy）被派來做巴黎的總督了；帝國的憲兵瓦倫頓（Valentin）被任為警察總監；耶穌將軍奧雷爾‧特‧巴拉丁（d'Aurelles de Paladine）被任為巴黎國民軍總司令。

現在我們還要向梯亥爾先生及國防政府中其他的人們，卽梯亥爾的僕人們提出下面的問題：大家知道，梯亥爾經過他的財政總長波野爾‧克爾底爾的手，借了一筆二十萬萬的債款，這債款，是要立卽交付的。現在問：

一，據說按此中的勾當，該借款中有數千萬的數目是專為梯亥爾、法佛勃、畢加德、德以爾和西蒙等私人利益，而彼此分潤了的，此事是眞是假？

二，據說該項借款，不到巴黎『平定』之後是不償付的，這話是實是虛？

無論如何，錢是非常需要的，因為梯亥爾和法佛勃曾用卜都會議大多數的名義最無恥地請求普魯士軍隊立卽佔據巴黎。但是這種把戲不在俾斯麥的政策之內，所以當他回到德國去的時候，公開的用譏嘲的口吻把這些事告訴那些洗耳而聽的法蘭克府的俗漢們。

二

武裝的巴黎，是對於反革命陰謀的唯一嚴重的障礙，所以巴黎非被要求解除武裝不可。對於這一點，卜都議會是十得的條件，只有在這條件上面普魯士才答應他們去向共和國及其要塞巴黎開戰。第二帝國已經把國債增加了兩倍，一切大城市都欠了極重的市政公債。戰爭極度地增加了負担，並且將全國的財源毫無顧惜地汲盡了。此外，還有普魯士的歇洛克(Shylock，莎士比亞劇中的吝嗇的猶太商人。—— 譯者)拿了債票要供養他在法國領土內的五十萬兵士，他要法國付五十萬萬的賠款，未付清的餘數，添加百分之五的利息。誰應當來付這筆賬呢？只有暴力推倒共和國之後，財富的所有者們才能夠希望把他們自己所惹出來的戰爭的費用轉嫁到財富的生產者身上去。因此，法國經濟的空前的破壞，刺激着這些土地和資本的忠心的代表者，在敵國軍隊的監視和保障之下，用國內戰爭及奴隸主的叛變去終止對外的戰爭。

在他們陰謀的前面，却站着一個極大的障礙物 —— 巴黎。解除巴黎武裝，是成功的第一條件。於是梯亥爾就要求巴黎交出他的武裝來了。使巴黎不能再行忍耐下去的一切行動，都做出來了。『地主會議』舉行了反共和派的、狂暴的示威；梯亥爾自己也譏剌共和沒有法統的根據；廢除巴黎為首都的話也傳出來了，奧利恩派派出了他們的大使；杜福爾(Dufaure)頒佈了使巴黎工商業破壞的關於過期商業期票及房租的法令，因波野爾·克爾底爾(Pouyer Quertier)的堅持，每種出版品每一本課以二生的稅金，勃朗基和弗羅倫斯(Flourens)被判決死刑；共和黨報紙被封閉；國民會議移到了凡爾賽；為柏烈高(Palikao)所宣佈而在九月四日取消的戒他不怕合法黨，因為這些人在那時的法蘭西成立政府，是沒有希望的，所以由他們來作對敵，是並不危險的；這黨的一切行動，像梯亥爾（一八三二年一月五日在人民代表會議的演說）自己所說的，是『以外國侵入、進行內亂及擾亂秩序三者為其行動之源』的，所以它是反革命勢力最好的工具。合法黨衷心相信，他們所久已盼望的長期統治時期已經降臨了。的確，外國侵犯者的鐵蹄，正在蹂躪法國的土地；帝國已經倒了，拿破倫已經被捕；他們正可以為所欲為了。顯然的，歷史的輪子已經將回去，停止在一八一六年的『無雙議院』（Chamfre introuvable）+的時代了。在一八四八到一八五一年之間，在共和國的議會中，他們的首領，是一些有敎育的、對於議會鬥爭有經驗的人們；而現在湧上來的却完全是黨中的尋常人員——法國的各種混蛋。

當這個『地主會議』（Ruraux）++在卜都開幕的時候，梯亥爾甚至不許他們進行國會的討論而只是簡單的向他們申明和議的先決條件必須立刻承認，因為這是普魯士所一定要

　　+ 是指法國在一八一六年的議院，其中大多數議員，是極端的保皇黨，貴族底代表，以反動的性質著稱。

——編輯部註

　　++ 二月十三日在波爾多（Bordeaux）所召開的國民會議，大多數是公開的保皇黨（七百五十名代表中有四百五十名是保皇黨），大部分是地主底代表以及城市和農村的反動階層底代表。由此，產生了『地主會議』或『農村貴族議會』之稱。

——編輯部註

血泊中；階級的偏見，代替了他的思想，虛榮代替了他的良心；他的私人生活是和他的社會生涯一樣的卑鄙齷齪——就是在現在，當他扮演着『法蘭西的修拉』（Franch Sulla）的角色時，他的滑稽的矯飾還是掩不住他的行爲的卑污。

巴黎的投降，不單是把巴黎，而且是把全法國獻給普魯士，這種投降，是九月四日的竊位者從九月四日竊取政權的時候起就開始的（像脫羅秀親口招供的那樣），一個長期通敵的賣國奸謀的總結束。在另一方面，這投降又是他們得到普魯士幫助來進攻共和國及巴黎的國內戰爭的開始。陷阱早在投降普國的條件中安放好了。那時，約有三分之一的領土是在敵人手裏，京城與各省間的往來已被割斷，一切交通都已紊亂。在這種情形之下，要選出眞正的法國的代表來，除非有很充分的預備時間，是不可能的。所以，在投降的條款中，限定一星期內選舉出一個國民會議來；這使得在法國有好多地方，關於選舉的消息只在選舉的前夜才送到。此外，投降條件上更說，這個國民會議的選舉，唯一的目的是在決定和平與戰爭的問題，在必要的時候，更要用來締結議和條約。民衆當然要感覺到這種停戰的條件尙簡直使繼續戰爭成爲不可能的事，唯有最壞的人，才最適宜去訂立俾斯麥所定下的和約。但是，梯亥爾却不放心於那種戒備，他在停戰的祕密傳到巴黎以前，就已出發到各省去作選舉的旅行，想把合法黨（Legitimist Party）的屍體復活起來，使它與奧利恩派（Orleanists）共同來代替那在當時爲全國所棄的拿破侖派。

在他一生長久的政治生涯中間，他從來沒有做過一件（那怕最小的）實際有用的事。問什麼是梯亥爾一生唯一的一貫之處，那只有他的貪財及其對於財富生產者的痛恨，他第一次到路易斐力伯之下去當閣員時，窮得和『瘪三』（上海俗語，意即指窮困落魄，幹流氓事業以生存之人。——譯者）一樣，到他下野時，已成了百萬財翁。在這國王下做最紅一次的閣員時（一八四〇年三月一日），他在人民代表會議中，公開被人控告侵吞公款，他那時不恤用眼淚鼻涕——這是廉價的商品，他和法佛勒及其他的鱷魚們所慣於使用的——去答覆公衆的這一控告。一八七一年在卜都（Bordeaux）的時候，挽救法國財政破產的第一個必需辦法，在他看來就是規定他自己每年俸給三百萬法郎，這就是他的『經濟共和國』開篇第一個字和最後一個字，這種『共和國』的觀念，他在一八六九年給巴黎選民們的宣言中已經指點出來了。他的一個一八三〇年時人民代表會議中的同事，叫做貝列（Besluy）的，本人是一個資本家，但却是巴黎公社的一個最忠心的社員，最近發表一篇檄文，告梯亥爾道——『使勞動爲資本所奴役，一向是你的政策的基礎。從你看見勞動者的共和國在市政廳成立第一天起，你總是不斷的向法國大喊：『這些人都是罪犯呵！』他是一個在政府中耍小手段的大家，慣發僞誓、善於叛賣的名手，國會內黨派鬥爭中陰謀詭計和四出鑽營的巨匠；他失去位置的時候，總是毫不躊躇的煽起革命。在他握得了國家大權以後，總是毫不躊躇的使革命陷入而他的辱罵德意志統一，並不是因為看到這是普魯士的專制主義的假面具，而是因為這種統一要危害法國世代相傳的因德意志不統一而獲得的權利。這個矮子在全歐洲的面前揮舞拿破倫第一的寶劍（他在歷史著作上，[+] 正是替拿破倫擦靴子）。事實上他的外交政策，從一八四一年的倫敦會議起到一八七一的巴黎獻城止，總是使法蘭西陷於極端的恥辱，而在現在的國內戰爭中，他居然覥顏得到俾斯麥的恩許，把西丹和美次的俘虜放回來屠殺巴黎了。他的才幹雖然機動，他的主張雖然易變，但他一生却是最總是懵然無知，而且是對於那已經顯露到外面來的最明顯的變動，也不能為他的頭腦所了解，因為他是一個把所有腦力聚到舌尖上的人。例如，他以為任何違反法國陳舊的保護貿易制度[++]之傾向都是瀆神犯聖。當他做路易斐力伯的閣員時，反對建築鐵路，嘲罵鐵路為發狂的怪物齊曼拉（Chimera，獅首、羊身、龍尾之怪物，口噴毒火。——譯者）。當他在拿破倫第三之下變成在野黨時，又反對改革法國腐敗的舊軍隊制度，彷彿這是大逆不道的事。

　　[+]　梯也爾底主要歷史著作是：『法國革命史』與『執政府與帝國的歷史』。　　　　　　　　　　——編輯部註

　　[++]　法國的保護貿易制度的特徵，是對於商品課高額進口稅（如對英國生鐵按其價值徵收百分之七十的進口稅，對於鐵則按其價值徵收百分之百零五的進口稅）。結果，有許多不能在法國製造的工具與其他商品，就從市場上完全絕跡了。

　　　　　　　　　　　　　　　　　　　　——編輯部註

公共的地方，直至六月屠殺*為他那樣的人清除了道路的時候。然後，他大搖大擺的出來，變成了『秩序黨』（Party of order）及其議會制共和國的領導人物了，這個議會制的共和國，正是那時青黃不接時期的一個無名的過渡統治，在這統治時期，統治階級的一切派別互相勾結去壓倒民眾，同時又互相暗算，企圖按照自己胃口恢復皇朝。在那時候，和現在一樣，梯亥爾宣告共和黨人是鞏固共和國的唯一障礙；在那時候，和現在一樣，他對共和黨人所說的話，正像劊子手對唐・卡洛斯（Don Carlos）**所說的話一般：——『我要殺死你，但却是為了你的好處。』現在呢，也像當時一樣，他要在他勝利之後的第二天喊道：『L'Empire est fait＝帝國已告成功了。』他忘記了他關於『必要的自由』的虛偽的話以及他個人對於拿破崙第三的怨恨了（他曾被拿破崙第三愚弄，並被他一脚踢去了國會制度，——而離開了國會的人工氛圍，這小鬼自己就要成為一錢不值，這一點，當然是他所熟知的）。忘記了所有這些的梯亥爾，參加了第二帝國時代所有的一切可恥事件，——從法國軍隊佔據羅馬一直到對普魯士開戰。他助長了普法戰爭，他破口辱罵德意志的統一，

---

* 這是指一八四八年巴黎無產階級底六月起義之被鎮壓。
——編輯部註

** 唐・卡洛斯（1545—1568），西班牙的王子，參加反對他父親的陰謀。席勒在其『唐・卡洛斯』悲劇中將他理想化。
——編輯部註

這種行為，那這就是對於人類的供獻。…當愛斯巴脫落王子（Regent Espartero）為着效力國家這却是梯亥爾所從未做過的）而用大砲轟擊了巴襲隆那城以鎮壓該城的暴動時，全世界到處起來發生了共同的憤怒的喊聲。』

十八個月之後，梯亥爾已是擁護法國的軍隊轟擊羅馬城的+ 最出力的一個人了。實在說來，砲彈國王的罪過，似乎僅僅在於把他的轟擊限於四十八小時之內罷了。

二月革命之前數天，梯亥爾在氛圍中感覺到了民衆大風暴的到來。因基淑（Guizot）之故而長期不得高位厚祿的情況，已使他討厭極了。於是梯亥爾裝起了假英雄態度（為了這，他博得了『蠅子米拉波』的外號），在人民代表會議中宣言道：『我不但是法國的革命黨人，而且也是全歐洲的革命黨人。我希望革命政權常常握在一般溫和派的手裏…但如果一旦政權落入了心腸熱烈的人或竟急進派人的手裏，那我也決不因此丢棄我的目的。我總是屬於革命這一邊的。』

二月革命來到了。然而，這革命却沒有像這小人所夢想的以梯亥爾內閣去替換基淑內閣。這革命竟以共和國替換了路易裴力伯。從民衆勝利的第一天起，他就小心翼翼地自己掩藏了起來，但他却忘記了工人們對於他的賤視，使他越出了他們的痛恨之外。這位有經驗的勇士，繼續的不敢出現於

+ 一八四九年四月，法國軍隊出師擁護羅馬教皇反對意大利革命。砲轟羅馬，是對於法蘭西憲法（它宣言『不用武力去破壞任何民族底自由』）之重大的違反。　——編輯部註

鞏固巴黎防衞的計劃震驚了全法國的人民。當共和黨人反對這個計劃，認為它是一個反對巴黎人民自由的罪惡陰謀時，他在人民代表會議的講台上答復道：——

『什麼話！你們以為任何防衞工作都會危害自由麼！說這種話，就是毀謗政府，是假想世界上有一種政府，為着保持政權於自己手中，會在某一天先來轟擊本國的京城…這種政府在戰勝之後比在戰勝之前，更是一百倍的不可能了。』是的，除了那個預先將這些砲台獻給普魯士人的政府以外，確是沒有任何政府敢從那些砲台來轟炸巴黎的。

在一八四八年一月當砲彈國王* 想要屈服巴勒摩（Palermo）時，久已不作總長的梯亥爾，在人民代表會議中起來發表這樣的話：『先生們，你們可知道，在巴勒摩發生了什麼事情麼？當你們聽見說，有一個大城市竟被繼續轟擊了四十八小時，你們大家都會驚駭得抖戰（在國會的意義下）。被誰轟擊？是被那利用戰爭權利的外敵嗎？不是的，先生們，却是被它自己的政府。為什麼？因為那個不幸的城市敢於要求它們的權利。為要求它的權利，却得到了四十八小時的轟擊…讓我來請求全歐洲輿論的公斷罷。我想，如果從這個全歐洲最大講台上，用憤激的話（真的，實在只是話）去斥責

---

* 拿布勒斯（Naples）王斐特南第二， 其綽號是砲彈國王，因於他猛烈地砲轟了麥西那（Messina） 市（一八四八年九月）。五月十五日是拿布勒斯的國會被解散之日。

—— 編輯部註

書！* 俾斯麥所要的也正是這些人。然後經過了一番重新攝偏的手續以後，那一向躲在幕後推動政府的梯亥爾，忽然在政府的第一把交椅上現身出來了。那般得到赦書的人都做了他的總長。

梯亥爾，這矮子怪物，使法國資產階級醉心地崇拜他差不多半個世紀，正因為他是他們的階級腐敗的一個最完全的思想代表。在他成為一個政治家之前，也是一個歷史家，那時他已經表現了他的說謊能力。他的政治生涯的記錄，就是法蘭西種種災難的歷史。一八三○年之前，他與共和黨人混在一起，到路易斐力伯治下，他背棄了他的恩人拉斐德(Laffite)而得到了總長的位置。為要獻媚於國王，他鼓勵徒衆起來暴動攻擊僧侶，在這暴動中搶刦了聖·日爾曼·奧克賽洛伊 (Saint Germain I Auxerrois) 教堂和大主教的宮庭，他並且與倍理候爵夫人 (de Berri) 發生關係，為她充當內閣偵探與監獄產婆。脫南斯諾南街上之屠殺共和黨人** 及九月間所頒佈的壓制報紙及集會結社權利的可惡的法律，也是他幹的事。一八四○年三月，他已經是內閣總理了，那時他以他的

---

* 在英國，囚犯在渡過大部分的刑期之後，有時得到一種證書，他們帶着這種證書，又在警察監視之下在外居住，這樣的證書叫做赦書，證書所有者，叫做得到赦權的人。
　　　　　　　　　　　　　　——一八七二年德文版註
** 一八三九年巴黎發生了共和民主黨人底起義，政府加以殘酷的鎮壓，沒有武裝的人民，連婦孺在內，也被屠殺。
　　　　　　　　　　　　　　——編輯部註

囚犯！

　　愛倫斯·畢加德（Ernest Picard）（這是國防政府的法爾斯達夫*，他在帝國時代夢想做內務總長沒有成功之後，就自己指派他自己做了內務總長），是一個叫做雅瑟·畢加德的人的兄弟，那個雅瑟·畢加德是因舞弊從巴黎交易所中被逐出來的（看一八六七年七月十三日警察廳報告），並據法庭審訊，他自己招出當他做法蘭西通用銀行的巴勒斯特羅街五號一個分行的經理時，他偷了行中的錢三十萬法郎（看一八六八年十二月十一日的警察廳報告）。這個雅瑟·畢加德却比被他的兄弟愛倫斯·畢加德指派做他的機關報『L Electeur Libre』的主筆。當股票交易所的經紀人們的事業因這個內務部報紙的官場謊話而陷入混亂之時，雅瑟却正在內務部與總商會之間穿梭般串來串去，利用法國軍隊的失敗來謀利。這一對寶貝兄弟關於生意事情的全部通信，都落入了公社的手裏。

　　喪爾士·弗雷（Jules Ferry）在九月四日以前，原是個一錢莫名的窮律師，被圍時，他做巴黎市長，利用城中的饑荒括了不少的錢。如有一天他不得不作他的行政報告時，那他就會在這天被定罪。

　　像這些人呢，當然只能夠在巴黎的毀滅中得到他們的敕

---

　　*　法爾斯達夫是莎士比亞戲曲中的角色之一；——他是尖頭，大腹，說謊，膽小，貪食喜酒，愛揩別人的油，作事未成却大吹大擂的典型的人。

候，也是不敢承受的。三月十八日事變後，這些賣國賊倉皇的向凡爾賽奔逃，以至把那些證實他們賣國的文件都忘記帶走。事後公社在對各省的宣言中指出，為着毀滅這些文件，『這些人是不惜將巴黎變爲一個沉沒於血海的邱墟的』。

事情之所以造成這樣一個結局，還是因爲國防政府的幾個領袖人物有他們私人的非常奇特的原因。

議和之後不久，有一個巴黎的國民會議代表彌里晏（M. Milliere）君（他現在被法佛勒特別下令槍斃了），曾發表了許多證據確鑿的官塲文件，證明法佛勒曾與一個伴居阿爾吉爾（Algier）的酒徒之妻相姦通，他多年籌劃，鑄造了許多最冒險的僞證，並以姦通所生之兒女的名義取得大宗遺產，使他變成了富人，後該酒徒之嫡嗣赴法庭控訴，他靠着拿破倫朝庭下面法庭的褊袒，始得免於敗露。因爲這些鐵面無情的官塲文件使他用多少巧辯都不能掩飾過去，所以約爾·法佛勒才生平第一次把他的嘴關閉起來，靜靜的等待着國內戰爭的爆發，好在那時候狂暴地跳起來宣告全巴黎的人民是一羣窮兇極惡的獄中逃犯，目無一切秩序、家庭、宗教和私有財產的暴徒。這個僞證鑄造者，在九月之後，一握得政權，便以同情之心釋放了劈克（Pic）和泰雷否（Taillefer）兩人。這兩個人，是尙在帝國時代因在『愛登達』（Etendard）報舞弊案中假造證書而被繫獄的其中的一個泰雷否，曾在公社時期大胆回至巴黎，公社立卽把他送囘監獄；然而約爾·法佛勒却在國民會議的演講台上大喊，巴黎人釋放一切獄中的所以，卽在共和國宣佈成立之夕，脫羅秀的同僚已經知道他的『計劃』是在於使巴黎投降敵人。如若國防二字不僅是梯亥爾、法佛勒等人的奪取統治地位的假面具，那末九月四日的興起者，就應當在九月五日放下他們的政權，將脫羅秀的『計劃』告訴巴黎的民衆，請他們趕快投降，或者讓他們自己起來掌握他們自己的運命。可是他們却不這樣做。這班無恥的騙子，決意用饑饉和死亡去治療巴黎的『英雄的蠢事』而同時發表許多宣言去欺蒙巴黎人民。在這些宣言中，有一個說道：『脫羅秀，巴黎的總督，永遠不投降敵人』；『外交總長——約爾佛勒是不肯割讓我們一寸的土地，並不肯犧牲我們堡塞上一塊石頭的』。但是就是這個法佛勒，在他寫給甘貝塔（Gambetta）的信中，却發誓說，他們所抗拒的並不是普魯士的軍隊，而是巴黎的工人。在整個的被圍時期內，由詭點的脫羅秀付託以指揮巴黎軍隊之責的那些拿破倫派的軍官，在其圍困期內的私人往來的信札中，却彼此競以輕薄的口氣嘲笑這雙方所共知的玩把戲似的國防。巴黎公社官報上所發表的一封信，卽可作一例證。該信由巴黎國防軍砲兵總指揮並有光榮隊大十字章的阿爾風斯・西蒙・居友（Alphonse Simon Guiod）發出寄給砲兵師長蘇珊（Suzanne）的。這種騙子的假面具，到一八七一年一月二十八日到底揭下了。國防政府在投降中，竟以極端輕蔑的那種眞正英雄氣概顯身露面，竟以俾斯麥的俘虜所組成的法國政府的資格顯身露面——這種卑賤的地位，就是拿破倫第三自己在色當時容忍他們的僭位行動，完全是以他們利用這政權去保護祖國這一點為條件的。但是要能保護巴黎，就只有武裝工人，把他們組成為眞實的軍事力量，並且在本身戰爭中把軍事藝術教導給他們。可是武裝巴黎城，就等於武裝革命。巴黎戰勝普魯士的侵略者，就等於法國的工人戰勝法國的資本家及其政府的寄生蟲。在這個民族義務與階級利益的矛盾之間，那國防政府竟一刻也不動搖地把自己變成了賣國政府。

他們的第一步驟，是派遣梯亥爾遊說全歐各國朝庭，請它們大發慈悲出來調解，並以把共和國改成君主國為交換條件。巴黎被圍四個月後，他們覺得開始說出投降二字的機會已經到了，於是脫羅秀在約爾、法佛勒（Jules Favre）及其他同僚數人同時在場的時候，向巴黎市政官的會議說出以下的話：——

『當九月四日之夕，同事們向我們提出的第一個問題就巴黎能否勝利地抵住普魯士軍隊的圍困？那時我毫不遲疑的是：囘答道：不能。現在到場的同事們中，總有幾個是能證實我預料的正確和我主張的堅定的。當時我向他們說的，一字不改的就是下面這句話。依照現在的形勢，巴黎要想抵抗普魯士軍隊是一件蠢事——當然，這是一件英雄的蠢事；但終究是蠢事呵…。現在實際的經過（由他自己所佈置的）已經證明我的話並不曾說錯。』脫羅秀的這一篇簡短而乖巧的演詞，是由當時到場的一個叫做哥湧（Gorbon）的市政官事後發表出來的。

國際工人聯合會總委員會為法蘭西內戰告歐美各分會全體會員書

一

一八七○年九月四日,當巴黎的工人宣佈成立共和國而全國各處差不多立即齊聲一致地熱烈起來歡迎時,有一羣營鑽祿位的律師的徒黨以梯亥爾(Thiers)為其政治家,以脫羅秀(Trochu)為其大將軍的出來佔據了市政廳。這些人那時是如此迷信巴黎在一切歷史的變亂時期中所負的代表全法國的使命,使得他們以為只要一拿出早已失效的巴黎代表的名義,就完全足夠使他們所偷盜得來的法蘭西統治者的稱號有了法律的根據。這是一些什麼人,我們在他們起事以後的第五天發給你們的關於普法戰爭的第二書內,已經向你們說過了。然而當巴黎突然被刦,工人階級的真實首領尚幽囚於拿破侖第三的監獄中,普魯士人已在向巴黎進兵之時,巴黎這部分報紙，在整個二十年內，尊崇拿破倫第三爲歐洲的救主，並且竭力贊揚美國奴隸主的暴動*。現在它還是和那時一樣，盡力爲奴隸主謀利益。

國際工人聯合會的支部應號召一切國家的工人階級起來採取積極的行動！如若工人們忘記了自己的責任，如若他們的態度是消極的，那末，現在的可怕的戰爭將成爲新的更可怕的國際戰爭的前驅，而且會在每一國家內使刺刀、資本與地主的武士們對於工人階級取得新的勝利。

共和國萬歲！（Vive la Republique！）

一八七〇年九月九日倫敦。

**** 是指歐洲列強第一次聯合（奧地利亞、普魯士、撒丁尼亞等國）反對第一次法國資產階級革命的戰爭。在一七九三年二月英國與荷蘭加入戰爭，在三月西班牙也參加了。
—— 編輯部註

* 在一八六一——六五年，美國內戰（工業的北部與擁護黑奴種植制度的南部之間的內戰）時，英國的資產階級讚助南部，即是讚助蓄奴制。這是由於這一事實，就是：英國的資產階級看到工業的北部是自己的一個日益強大的競爭者，而南部則是英國市場的棉花的供給者。—— 編輯部註們的公民的義務，但不應該爲一七九二年的民族的囘憶+ 所誘惑，如像法蘭西的農民爲第一帝國的民族的囘憶所欺騙一樣++。他們（指工人們）所需要的不是重複過去，而且是建設將來。希望他們很鎭靜的、很堅決的利用共和國的自由所給與他們的一切方法來更切實地鞏固它本階級的組織。這將給予他們以強大的力量去爲法蘭西的新生與我們無產階級解放的共同事業而鬥爭。共和國的命運，就依靠在他們的力量與智慧之上。

在這一方面，英國的工人階級已經採取了某些步驟，他們想以外部的壓力破除他們政府對於承認法蘭西共和國的不願+++。英國的政府，現在想用遲延去抵銷一七九三年反甲可賓的戰爭++++ 以及那時承認拿破倫國家政變的匆促。此外，英國工人要求他們的政府用一切力量去反對法蘭西的分裂，——一部分英國的報紙是無恥地要求這種分裂的。正是

　　+ 馬克思是指一七九二年法國民衆在其對歐洲各國的反動聯合底進攻軍隊作戰之時的民族感情。他警告人們不要機械地把『祖國危急了』這個口號應用於普法戰爭中。『爲資產階級而對普魯士作戰，那是發狂。』（恩格斯）　　——編輯部註

　　++ 在選舉大總統時（一八四八年十二月十日），拿破倫第三利用了法國農民底成見；農民錯誤地把第一次法國資產階級革命底成就與拿破倫第一底名字聯繫在一起，他們爲了紀念拿破倫第一而投票選擧拿破倫第三。　　——編輯部註

　　+++ 馬克思是指在英國所開展的、主張承認法蘭西共和國底大的集會運動；這個運動是由馬克思與第一國際底總委員會主動的。　　——編輯部註

步驟已經很明顯的表示出它從第二帝國那裏不但承襲了廢墟的坟山，而且也承襲了對於工人階級的恐怖，如果現在他們用共和國的名義很大量的允諾許多不可能的東西，那末他們這樣做不是爲得要引起有利於『可能的』政府之傾向嗎？這共和國，在資產者眼中看來（這些人是很願意做它的掘墓人的），不是到奧利恩復辟的過渡階段嗎？

這樣看來，法蘭西的工人階級，現在是處在最困難的情況之下。正在敵人敲着巴黎城門的時候，一切推翻新政府的企圖，是不智的絕望的蠢舉。* 法蘭西的工人們應該完成他

---

*　關於這點，列寧在他的『馬克思致顧格曼書信集』俄譯本序文中，寫道：

『在一八七〇年九月，在巴黎公社發生六個月之前，馬克思鄭重地警告法國工人。他在著名的『國際底宣言』中，說推翻新政府的企圖，是絕望的蠢舉。他在事先就揭穿了要發動一個與一七九二年同一精神的運動底這種可能性，是民族主義的幻想。⋯

『但當羣衆已經起來時，馬克思就要和他們一同前進，要和他們一同在鬥爭過程中學習，而並不是向他們作一番官僚主義的訓斥。他知道要想在事先就把機會估計得完全正確，這是吹牛或是絕望的迂腐。他以爲工人階級英勇地、自我犧牲地拿起主動權製造歷史，其價值是超乎其他一切之上的。馬克思從那些製造歷史但不能在事先就把機會估計得毫釐不差的人們底立場來觀察世界歷史，而不是從一個用『這是很易預料的⋯他們原不應動用⋯』這樣的話去敎訓人的知識分子的俗人底立場來觀察世界歷史。

『馬克思善於珍視這樣的事實，就是在歷史中會有這樣的時機，羣衆甚至爲了一個無成功希望的目標，而拚命奮鬥。但這爲了給這些羣衆更進一步的敎育，爲了訓練他們準備下一次的鬥爭計，還是必要的。』　　　　　　　　　—— 編輯部註

西歐文明的利益，爲了向東方野蠻進行鬥爭的利益，德國的工人不能對於亞爾薩斯與勞倫的併吞默而不言…我們爲了共同的無產階級的國際事業，將和我們的同志們，其他國家的工人們共同奮鬥到底！』

不幸，我們不能立卽預計他們的成功。如果，法國的工人們在和平的時候，不能停止進攻的一方面，那德國的工人們，在軍事狂熱之際約束勝利者的機會，不是更少了嗎？德國工人的宣言，要求把拿破崙第三當作普通犯人交給法蘭西共和國手內。而他們的剝削者，却用盡力量設法再把他放到居萊爾的帝座上去，把他當做最適合於使法蘭西陷於滅亡的人物。不論怎樣，歷史將證明，德意志的工人們不是像德意志的資產階級那樣是由那種惡劣的材料造成的。他們執行着自己的任務。

我們與他們一樣歡迎法蘭西共和國的建立，但是，同時我們担憂着，我們希望這種担憂能夠成爲沒有根據的。這個共和國並沒有推倒帝座，它只是佔據了後者所留下的空位。它的成立，不是被當作爲社會的獲得，而只是被當作爲國防的政策。它現在落到了那一部分爲奧利恩派及另一部分爲資產階級共和主義者所組成的臨時政府的手中；這種共和主義者的一部分，在一八四八年的六月暴動中間，是已經沾染了不能洗淨的汚點的。這一政府內人員的分工，很難做出好的事業出來。奧利恩派佔了最有力量的地位——軍隊與警察，而所謂共和主義者却得到了空談的部門。這政府的最初幾個去佔據法蘭西區域的道路的話，那末，在它的前面只有兩條路：或者它應該用盡一切方法成為俄國掠奪政策的分明的一個工具，或者它應該在短期的休息之後，開始準備『防禦』戰爭，不是那『地方的』戰爭，而是人種的戰爭，而是反對聯合的斯拉夫種與羅馬種的戰爭。

德國工人階級沒有阻止這一戰爭的可能，它把這一戰爭作為着德國獨立、為着把德國與全歐洲從第二帝國腐爛着的羈絆之下解放出來的那種戰爭，而用力地來擁護它。德意志的工業工人及鄉村工人組成了英勇的軍隊的骨幹，而他們家庭中的人丁，却處於半饑半餓的狀態之中，他們不僅過着國外戰場上的困苦，而且還有家庭貧困的極大痛苦在等候着他們。他們現在也要求『保證』，保證他們的無數的犧牲不會付之流水，保證他們真正的得到自由，保證他們對於拿破崙軍隊的勝利不會像一八一五年那樣變成德意志人民的失敗。他們要求『不喪失法蘭西名譽的和平』與『法蘭西共和國的承認』作為這種保證的第一點。

德國社會民主工黨中央委員會於十月五日發表了宣言，* 其中竭力要求這種保證。它說：『我們反對吞併亞爾薩斯與勞倫。我們自己知道，我們是以德意志工人階級的名義說話的。為了法德的共同利益，為了和平與自由的利益，為了

---

　　*　這個宣言，是以馬克思給德國社會民主黨委員會的指示信為基礎的（那封指示信發表於一八七一年九月十一日的『人民國家』）。　　　　　　　　　　　── 編輯部註

公平。在拿破倫進攻危險之前戰慄着的他們，對於沙皇壓迫的全部恥辱閉目不視。

　　正像在一八六五年俾斯麥同拿破崙第三交相允諾一樣，在一八七○年同樣情形發生於俾斯麥與高爾佳可夫之間✢。正像拿破崙第三渴望着一八六六年的戰爭在其耗竭雙方（奧地利亞與普魯士）力量後，將會變成德意志運命的支配者一樣：亞歷山大也渴望一八七○年的戰爭在耗竭德、法力量之後將有變成整個西歐運命的支配者之可能。正像第二帝國認爲自己不可能同北德意志同盟同時存在一樣，沙皇俄羅斯也應該感覺到以普魯士爲首的德意志帝國方面所給的危險。這是舊日政治制度的規律。在這制度中間，一國之勝即別國之負。沙皇對於歐洲的重大的影響，是基於他對德國的傳統的優勢。當在俄國本身火山似地社會力量動搖着沙皇制度的根基時，沙皇能容許他的外部力量的衰落嗎？莫斯科的報紙已經用一八六六年戰爭後拿破崙的報紙所用的口氣說話了✢✢。難道德國的愛國主義者竟以爲強迫法蘭西投到俄國的懷抱中去可以保證德意志的自由與和平嗎？如若軍事上的僥倖，對於自己勝利的驕傲以及皇朝的陰謀，推動德意志走上用掠奪

　　✢　在一八六五年，拿破崙第三答應俾斯麥，在普、奧發生戰爭時，法國保守中立。在一八七○年，俄國外交部長高察可夫（Gorchakov）答應在普、法戰爭中俄國保守中立。
　　　　　　　　　　　　　　　　　　——編輯部註
　　✢✢　俄國的報紙攻擊俄國政府對於普魯士的友誼的態度。
　　　　　　　　　　　　　　　　　　——編輯部註

這些偉大的力量在德意志前面如像烟一樣的消散了。可是德意志在它野蠻的夢想中所希望從法蘭西得到的『物質的保障』同拿破倫第一從德國所得到的比較一下，表示出什麼呢？這一次的結果將是同樣的毀滅之路。歷史的報應不是依照從法蘭西所得土地的平方英里來計算的，而是依照犯罪（就是十九世紀後半期所重新興起的掠奪政策）的大小來決定的。

德意志愛國主義的擁護者對我們說：但是你們不應該把德意志人同法蘭西人混淆起來；我們所需要的不是光榮，而只是安全；德意志人——實際上是愛好和平的民族。在他們沉靜的注視中間，他們甚至把侵略從將來戰爭的原因變為永久和平的保證了。自然在一七九二年將自己軍隊驅入法國，想藉槍刺之助去達到壓倒十八世紀革命之目的的，並非德意志！而汚著手去奴役意大利，鎭壓匈牙利與瓜分波蘭的，也並非德意志！他的現有的軍隊制度，把一切壯年男子分成兩部分（常備軍與後備軍），而且任何部分都須絕對服從他們的長官，——這制度自然是全體和平的『物質的保障』，是文明的最高目的！在德國，如像別處一樣，政府的走卒總是用虛僞的吹噓來強奸社會的輿論。法國的砲台，美次與史德拉斯堡，很使德國的愛國主義者憤激，但是他們在俄國的巨大的要塞網（革沙、馬特林、伊凡城）中，却不見有什麼不

---

† 依照着一八〇七年的推爾西德條約法國强迫普魯士縮減陸軍，償付一萬萬搭爾（Talers——德國銀幣）賠款，並割讓東部與西部的領土。　　　　　　——編輯部註

所做的那樣），並將他們推向前面或是在馬茵茨與美次的路上作戰，那末統一的德意志，盡可以不受史德拉斯堡及亞爾塞斯任何法國軍隊的威脅，只要德國的軍隊在那裏駐紮着，那一切從史德拉斯堡進攻南德意志的軍隊，都有同根據地隔絕的危險。如果最近的軍事行動有所證明的話，那末所證明的只是從德國容易向法國進攻的這一點罷了。

但，老實說吧，把軍事的觀點變成決定國界的原則，難道不是盲目與時代錯誤嗎？如果依照這樣的規律，那奧大利就還可以有權要求威尼斯與尼西亞，而法蘭西為着保護巴黎就可以要求萊茵河一帶，因為巴黎可能從東北受到進攻的危險，比較柏林可能從西南受到進攻的危險要大的多。如若國界是按軍事的利益來決定的話，那這種要求便沒有終結，因為一切軍事的畛域，都有它們的缺點，而這種缺點只有併吞新的區域才能得到改良。此外，這些界限，決不能被最後的而且公平的劃定，因為每一次劃界時，總是勝利者向着失敗者提出所決定的條件，而這裏已又種下了新戰爭的種子。

在國家與國家之間的情形，正像在人與人之間一樣——這是一切歷史教導我們的。為得要使他們沒有進攻的可能，就必須奪取一切他們所有的防禦工具。不但要捉住他們的喉頭，而且要弄死他們。如若說，在某一時候，某一個勝利者曾經得到過一種破壞對方民族力量的『物質保障』的話，那這就是拿破崙第一在推爾西德條約*中，在他對普魯士與其他德意志國家實行這條約時所做的事。可是幾年之後，一切比較詳細地來研究這一點，實是我們的責任。

　　無疑的，亞爾薩斯與其萊茵河對岸的一般地形，以及差不多正在巴塞爾與蓋爾曼依斯姆半途上的史德拉斯堡那樣大的砲台的存在很容易使法蘭西侵入南德意志，而南德意志却因爲這原因在某種程度上却很難侵入法蘭西。更無疑地，亞爾薩斯與說德語的勞倫之歸併於德國，會強大地鞏固南德意志的邊界，那時，它將能夠控制華格斯山整個山脈，佔取屏障北方出口的砲台。如若美次再被併入那法國立刻就會失去反對德國的兩大軍事據點，雖然這還並不能阻止它再在內西（Nansy）與凡爾登建設新的砲台。德國有高伯萊茨（Koblentz）、曼茨（Mainz）、格梅斯海姆（Cetmersheim）、拉斯塔特（Rastatt）與烏爾姆（Ulm），這些都是專用來反對法蘭西的軍事據點。德國在最近一次戰爭內，很好的利用了他們。那它還有絲毫什麼權利嫉妬在這一區域只有兩個重要砲台（美茨與史德拉斯堡）的法國呢？

　　此外，只有在南德意志與北德意志分散的時候，史德拉斯堡才能危害於南德意志，從一七九二年到一七九五年，南德意志從沒有一次因爲普魯士曾參加了反對法蘭西革命的戰爭而從這方面受到攻擊。但當普魯士於一七九五年訂立了單獨的和約不再顧及南德意志的時候，對於南德意志的攻擊就開始了，並且一直繼續到一八〇九年，當時史德拉斯堡變成了軍事據點。實際上，如若德國集中它的一切軍隊於沙爾魯依（Saarlouis）與蘭稻（Landau）之間（如像在這一次戰爭中階級，在一八四六年——一八七一年爲公民自由而鬥爭的時候，表示出空前的懦怯、不堅決與無能力，現在看到要在歐洲舞台上演出德意志愛國主義的台柱的角色，當然感動的了不得。它（指普魯士自由資產階級——譯者）戴着公民獨立的假面具，爲的是裝出似乎它強迫着普魯士政府⋯去實行這一政府自身的祕密計劃。它埋怨自己爲何長久地、差不多是宗教般地信仰拿破倫第三之神聖不可侵犯，所以大聲地要求法蘭西共和國的分裂。我們現在拿一分鐘時間來研究一下這些『愛國主義』武士們所散播的華麗的見解吧。

他們不敢斷定亞爾薩斯與勞倫的人民是渴望着德意志的懷抱。卻正相反，爲着要懲罰史德拉斯堡對於法蘭西的愛國心，『德意志的』開花彈曾經徒然地、野蠻地（因爲在軍事上說重要的不是城市而是獨立分佈的堡塞）向該城轟擊了六天，打死了很多赤手空拳的居民。還說這些省份的土地似乎在很久很久以前就是屬於德意志帝國的！如若拿這理由做根據，那末難道不要把這地方的全部土地及人民充公作爲德意志的自古已有的私有財產嗎？你們知道，如若依照古代歷史愛好者的稱心的意思來恢復歐洲的舊日版圖，那無論如何不能忘記，從前勃蘭德堡侯爺曾經以普魯士王侯的資格充當過波蘭共和國的屬下。

但是巧妙的愛國之士，要求把亞爾薩斯與勞倫的德人部分作爲反對法國進攻的『物質的保障』。因爲這種可鄙的藉口，在許多思想薄弱者的頭腦中種下了紛亂，所以我們以爲普魯士軍事當局已決定把戰爭變爲掠奪的戰爭了。固然，威廉王自己在戰爭開始時的宣言，對於這些老爺們是不爽快的障礙物。在他對北德意志國會所作的卽位演說中，威廉莊嚴地說，他之進行戰爭只是反對法國的皇帝，而不是反對法國的民衆。八月十一日，他對法國國民發表了宣言，其中說：『法王拿破侖在海上與陸上都向德意志國家進攻，而德意志國家在從前和現在都是願意同法蘭西人民和平共居的，我担負起指揮德國軍隊的職責，爲的抵禦他的進攻，而戰事的過程却使我超越了法國疆界。』在威廉聲明了他担負起指揮德國軍隊的職責『爲的是抵禦進攻』之後，他自己還不滿意，他爲着更加證實『戰爭的純粹防禦的性質』起見，更增加着說，只是因爲『戰事的過程』使他『超越了法國的疆界』。防禦的戰爭，當然是並不排除『軍事的過程』所決定的進攻行動的。

這位『仁慈』的皇帝就這樣莊嚴地在法蘭西與全世界的前面允許擧行純粹防禦的戰爭。如何使他能從這種莊嚴的允許中解放出來呢？這幕滑稽劇的導演者必須設法把事情描寫成那樣。似乎威廉之睽離德意志人民的堅持要求，是出於不得已的。爲了這個目的，他們立刻將暗號給予德國自由資產階級；其中包括教授與資本家、議員與新聞記者。這一資產

　　＊　九月二日色當之役，法軍大敗，法國皇帝被俘。九月四日，法國宣佈共和，而所謂『國防政府』就成立了。

　　　　　　　　　　　　　　　　　　——編輯部註

國際工人聯合會總委員會為普法戰爭告歐美各分會全體會員第二書

在我們七月二十三日的第一宣言中，我們說過：『第二帝國的喪鐘是已經在巴黎鳴着了。第二帝國的終結，正像它的開始一樣：是可憐的模仿的滑稽劇。但是不應忘記，正是歐洲的許多政府與統治階級使拿破崙第三能在十八年內有扮演帝國復辟的殘酷滑稽劇之可能。』

這樣，在軍事行動開始以前，我們已把拿破崙主義的肥皂泡看作是過去之事了。

我們對於第二帝國的生活能力的問題，是沒有陷入迷陣的。我們對於在德意志方面『戰爭會失去它的純粹防禦的性質而蛻化為反對法蘭西民眾的戰爭』的危懼，也是沒有錯誤的。在拿破崙第三出降，西丹投誠，並在巴黎宣佈共和國的前候，防禦的戰爭真的是已經終結了。但還在這些事件以前，當拿破崙第三的軍國主義的完全腐敗已經顯露出來時，正如他們伸給德國的工人一樣。他們相信，不論現在的可憐的戰爭如何終結，全世界工人的聯合，最後是要根絕一切戰爭的。在官場的法蘭西與官場的德意志進行自相殘殺的搏鬥時，工人們却相互致送和平與友愛的盛詞。只是這一件在歷史上無與倫比的事實已經展開着對於更光明的將來之希望。這事實指示出，與經濟貧窮、政治荒謬的舊社會相反的新社會，是在誕生着了，這新社會的國際原則就是和平，因爲在一切民族中，將只有一個同樣的統治原則——即勞動。

這新社會的預告者，是國際工人聯合會。

一八七〇年七月二十三日倫敦。

現在的戰爭，完全是皇朝戰爭⋯我們很快樂的握住法國工人們伸給我們的兄弟的手⋯記住國際工人聯合會的口號：『一切國家的無產者，聯合起來呵！』我們永不會忘記全世界的工人是我們的朋友，全世界的專制魔王是我們的敵人。』

國際的柏林支部，同樣的囘答巴黎的宣言道：『我們以十二分誠意擁護你們的抗議⋯我們敢立下偉大的誓言，任何軍號的響聲，任何大砲的轟擊，任何勝利，任何失敗，都不能使我們拋棄我們的共同事業——全世界工人聯合的事業。

在這自相殘殺的鬥爭的幕後，呈現出俄羅斯的兇相。正當俄國政府完成了對於它有重要戰略意義的鐵路並向普魯脱方向集中了軍隊之時，發出當前戰爭的信號——這是很壞的徵兆。雖然德國人在反對拿破倫進攻的防禦戰爭中有全權獲得同情，但是只要他們容許普魯士政府請求哥薩克的幫助或只是接受這種幫助，那末他們便立刻要失去這種同情。讓他們好好記着德意志在它反對拿破倫第一的獨立戰爭之後幾十年內都是無助地匍匐於沙皇脚下的這件事吧。✝

英國工人階級，兄弟般地將他們的手伸給法國的工人，

✝ 德國與沙皇的俄國聯盟，而向拿破倫第一作戰。在打敗了拿破倫第一之後（一八一四至一五年）創立了『神聖同盟』，由於『神聖同盟』俄國在國際政治上獲得巨大的影響，而開始扮演『歐洲的憲兵』底角色。普魯士呢，如馬克思所說，變成為『歐洲諸國馬車之第五個車輪』（馬車只有四個車輪，第五個車輪就是無用的東西——譯者）。　　　　　　——編輯部註

時，在萊茵河右岸也找到它的配偶了。在這種情形之下，除了戰爭，還能等待到什麼呢？

如若德國的工人階級，容許這一戰爭失去其純粹防禦的性質，而蛻化爲反對法蘭西民衆的戰爭，那不論是勝利，不論是失敗，都同樣是毀滅之路。德國在所謂解放戰爭之後所遭受的一切不幸，將更殘酷的重新加到它的身上。

可是國際的原則，在德意志工人階級中間已是如此的廣佈，如此的深入，使我們不必恐懼如此悲慘的結果。法國工人們的呼聲，已在德意志找到了它的回響。七月十六日在勃朗希唯格（Brunswick）召集的盛大工人大會宣稱它完全同意於巴黎的宣言，很堅決地拒絕任何對法蘭西表示民族仇恨的思想，並且在通過的決議中說：『我們是一切戰爭，首先是皇朝戰爭*的敵人⋯我們帶着深刻的悲哀與痛苦，看到自己不能不參加這個防禦的戰爭，如像參加不可免的惡事一樣；但我們同樣號召德國的整個工人階級要努力使如此可怕的社會的不幸再不能重複，同時爲民衆取得自己解決那戰爭與和平問題的權力，這樣使民衆成爲它自己命運的主人翁。』

在五萬薩克遜工人的全權代表的開姆尼茨（Chemnitz）大會上，一致通過了如下的決議：『以一般的德國民主主義者的名義，特別是以社會民主黨的工人的名義，我們宣佈，

---

* 在法國這一方面，普法戰爭是王朝的戰爭。拿破倫第三希望開對外作戰勝利去挽救拿破倫帝國的崩潰。—— 編輯部註

國陷入於必須防禦的狀況中去的呢？誰使拿破崙第三有向德意志進行戰爭的可能呢？普魯士同拿破崙第三玩弄陰謀的，不是別人，正是俾斯麥，他想以此來鎮壓普魯士內部的民主的反對派，使德意志牢牢的固定在何亨佐親皇朝的手裏。如若薩多渥（Sadowo）一役✝✝沒有獲勝而遭受失敗，那末法國的軍隊，將會以普魯士同盟者的資格滿佈於德意志。難道普魯士在得勝之後，曾有一分鐘想到將自由的德意志去和被奴役的法蘭西相對抗嗎？恰正相反！它拚命保持了自己舊制度的一切陳腐的妙處，並且為補充起見還向第二帝國學來它的一切鬼計，如像它的實際的專制與假裝的民主，它的政治上的欺詐與財政上的竊盜，它的漂亮的言論與最下流的行為。在此以前，只在萊茵河左岸繁榮着的拿破崙主義的統治，此

✝ 在德國這方面，戰爭是自衛戰爭。因為拿破崙主義的法國，是要使德國分裂，阻止德意的統一（民族的統一問題曾是德國資產階級革命底一個基本問題）。所以，德國反抗拿破崙的法國從事戰爭，是自衛的性質。馬克思與恩格斯一方面說戰爭在德國方面是自衛的性質，同時要求德國工人政黨應該：（一）把德國民族的利益與普魯士王朝的利益很明確地分開來；（二）反對阿爾薩斯、勞倫之吞併；（三）巴黎一被共和主義的非民族侵略主義的政府握到政權，便立即應當講和；（四）不停地鄭重主張德國與法國的工人團結起來（他們都不贊成戰爭，他們相互間也沒有什麼爭端）。——編輯部註

✝✝ 一八六六年七月三日薩多渥（Sadowo，在波希米亞）之役，在普奧戰爭中起了決定的作用。普魯士戰勝了奧地利之後，奧地利就被排出在德意志聯邦之外，俾斯麥底德國統一計劃底主要部分就告完成了。（北德聯邦的建立）。——編輯部註

與敬禮，以作不可分離的團結的保證。』

在我們巴黎支部的宣言之後，接着，發現很多的法蘭西的宣言。我們現在只能引用其中之一。這乃是屬於賽納河畔納衣支部的宣言，公佈於七月二十二日『馬賽』報上。其中說：『這一戰爭是公平的嗎？不！這是民族的戰爭嗎？不！這完全是皇朝的戰爭。為了正義，為了民主，為了法蘭西的真正利益，我們完全，而且用盡全力贊助國際對於戰爭的抗議。』

這些抗議表示出法蘭西工人的真正感覺，這不久在一次有趣的事件內，就明顯地表現出來了。當『十二月十日社』（這社是在拿破倫第三就總統職時組織的）的一夥改穿了工人的藍衫，跑到街道上，想利用紅人的戰爭的跳舞煽起戰爭的熱狂之時，——市郊的真正工人却以盛大的擁護和平的示威來回答他們，以致使警長彼德立不得不認為必須立即禁止以後街道上的任何示威遊行，其藉口是：盡忠的法蘭西人民，已經足夠地表現了他們的久已懷抱了的愛國主義，並且已經為他們自己無窮盡的熱情找得了出路。

不論拿破倫第三用普魯士的戰爭如何結束，第二帝國的喪鐘是已經在巴黎鳴着了，第二帝國的終結，已像它的開始一樣：是可憐的模仿的滑稽劇。但是不應忘記，正是歐洲的許多政府與統治階級使拿破倫第三能在十八年內有扮演帝國復辟的殘酷的滑稽劇之可能。

對於德意志方面，這戰爭是防禦的戰爭*。但是誰使德法國不願意相信關於戰爭的謠傳之嚴重性。大家却更相信那些認爲總長的挑戰的演說實不過是交易所把戲的議員們。最後,當七月十五日,關於戰爭的事情,已正式向立法團聲明時,全部反對派都拒絕批准初步的用費;梯亥爾自己還咀咒戰爭,以爲這是『下流的』事;一切獨立的巴黎的報紙都斥責這戰爭,而且很離奇的,卽各省的報紙也差不多完全是同它們同意的。

同時國際在巴黎的會員重新開始工作了。在『里衣爾』(Reveil)上,他們於七月十二日公佈了『給全世界工人』的宣言,其中說:

『政治的自大,在保護民族尊嚴與歐洲均勢的藉口之下又威脅到整個的和平了。德意志的與西班牙的工人們!聯合你們的呼聲爲一個總的反對戰爭的怒吼吧。……爲着霸權問題而起的戰爭,或者,爲着某一皇朝的利益而發生的戰爭,在工人們眼中,不是別的,只是犯罪的愚蠢而已。我們,需要和平工作與自由的我們,大聲的抗議那些能在血的賦稅(指兵役)中贖出自己的人們之挑戰喊聲,那些以社會的不幸爲新的投機事業源泉的人們之挑戰哭聲!……我們的德意志的弟兄們!我們中間、法蘭西工人與德意志工人中間互相仇恨,其唯一結果,只能使萊茵河兩岸的專制政權完全勝利…全世界的工人們!不論在當前這一時期內我們共同努力的結果如何,我們,國際工人聯合會的會員(對於他們,任何國家的界限是沒有的),我們從法國工人方面向你們致誠懇的願望攻，** 說因為國際是一個秘密的團體，並且說，它準備着一種以殺死他為目的之陰謀。這種虛構之無稽，不久就被他自己的法官所指破了。究竟國際的法國支部的眞正罪惡在那裏？它的罪惡就是在它公開的向法蘭西民衆說：贊成『國民投票』，就是等於贊成國內的專制與對外的戰爭。事實上，他們的工作，就是在於使得法國的工人階級，如像一個人一樣，在法國一切大都市與一切工業中心起來反對國民投票。不幸，因為鄉村區域的深刻的無知，工人階級的呼聲是被壓倒下去了。交易所、列強的內閣、統治階級以及差不多一切歐洲的報紙，都慶祝國民投票的勝利，以為這是法蘭西皇帝對於法蘭西工人階級的絕大的勝利；可是實際上，國民投票不是絞殺某一個人，而是絞殺全體國民的信號。

一八七〇年七月的軍事冒險*** 只是一八五一年十二月國家政變的修正版，初看起來，事情是如此的荒謬，以至使

---

† 拿破倫第三為要鞏固他的帝國並破壞共和主義在國內的煽動，就安排舉行『國民投票』。在一八七〇年五月八日，全國要對政府底某些自由主義的改良與憲法的修改表示態度。贊成新憲法，因而贊成帝國的有七三五八、七八六票，反對的有一、五七一、九三九票，棄權的有一、八九四、六八一人。
——編輯部註
** 還是指在帝制之下對國際工人聯合會的第三次的法庭起訴。
——編輯部註
*** 德法戰爭開始於一八七〇年七月十九日。
——編輯部註

國際工人聯合會總委員會為普法戰爭告歐美各分會全體會員第一書

在一八六四年十一月我們聯合會的成立宣言上，我們說過：『如若工人階級的解放，要求有工人的兄弟團結及共同合作，那末當對外政策追求着犯罪的目的，玩弄着民族的成見，並且在掠奪的戰爭中摧殘民眾的鮮血與財產之時，工人階級如何能完成這偉大的使命呢？』我們當時用下列幾句話說出國際所要達到的對外政策：『私人在相互關係上所應遵守的簡單的道德與正義的法則，應成為各國相互關係上的支配規律。』

那個利用法蘭西內部階級鬥爭而篡得自己政權，並利用許多對外戰爭來延長自己政權的拿破倫第三，一開始就把國際當作最危險的敵人來看待，這實是不足為怪的。在國民投票*的前夜，他在巴黎、里昂、路安、馬賽、勃雷斯脫，總之在全法國，都向國際工人聯合會執行委員會的委員舉行進慣於那種思想，以爲全社會的共同的事業與利益，如不用以前的方法，即不經過國家與其高俸厚祿的官吏之助，就不能實現與遵守，正由於如此，所以對於國家的尊敬，就更容易深入腦中了。

人們設想着，如果他們脫離對於世襲君主政權的信仰而開始成爲民主共和國的擁護者時，他們將是實行非常勇敢的行動。實際上國家不過是一個階級壓迫另一階級的機器；這在民主共和國，並不比較君主國爲差。國家最好也不過是在爭取階級統治的鬥爭中得到勝利的無產階級所承受到的不良之物罷了，勝利的無產階級，根據巴黎公社的前例，必須要盡可能迅速地消滅這不良之物的最壞方面，直至在新的自由的社會制度中成長起來的後代，最沒有力量把這國家機關的垃圾拋棄的時候。

近來德國社會民主主義的庸人[*]，又開始在『無產階級專政』幾個字的前面體驗到最大的恐怖了。親愛的先生們，你們願意知道專政是什麼樣子嗎？請看巴黎公社吧。這就是無產階級的專政。

一八九一年三月十八日巴黎公社二十周年紀念，作於倫敦。

---

　　[*] 在一九三二年以前所出版的各種版本中，原文都有『德國的庸人』這幾個字。這是僞造的。莫斯科的馬克思、恩格斯、列寧研究院所保有的恩格斯的原稿，所寫的是『社會民主主義的俗人』。『社會民主主義的』這幾個字後來被刪去，而把『德國的』這幾個字加進去，塗改的筆跡不是恩格斯的，而是不知何人的筆跡。　　　　　　　　　　　　—— 編輯部註

派政治的投機家，如何輪換地佔據政權，用最骯髒的方法，爲最卑鄙的目的來運用這一政權。——而全國國民，則無力起來反對這兩大政客的聯合，這些人表面上是給國民服務，實際上却是剝削他們與統治他們的。

爲了反對這種國家機關從社會的僕人變成爲社會的主人（這種轉變，在一切直到現在所有的國家中必然要發生），公社採取了兩個不錯的辦法：第一，一切職務，行政官、法官、教員，都任命總選舉所選舉的人去担負，同時確定了根據選舉人決議隨時可以撤換被選舉人的權利；第二，一切公社的辦事人，不論是上層的與下層的，都只得到其他工人所得到的薪額。公社一般所付的最高薪俸，只有六千法郎。這樣，就是沒有公社給與代表機關的代表之確定證書（公社是格外的引用了這種證書的），公社也已向爭權奪位鑽營私利的行爲築下了有效的障礙物了。

在『內戰』第三章，很詳細的敍述了這種舊的國家政權的摧毀與新的、眞正民主的政權代之而興。我們以爲在這裏有簡略的挑出這種過程的幾個要點來說一下的必要，因爲在德國，對於國家的迷信的崇拜，已經從哲學轉爲資產階級的甚至許多工人的共同意識了。根據德國哲學的學說，國家是『觀念的實現』，或是翻譯爲哲學語句的話，是『上帝在地上的統治』，在這領域上似乎實現着或是應該實現出永久的眞理與正義。從這上面，就產生對於國家，與對於一切有關國家的事物之迷信的尊敬。而且因爲人們從出世以後，即習現在用來反對它自己的那種壓迫機器；第二，保證它自己不受它自己僱員與全權代表的危險，宣佈他們在任何時候都可以被調動與撤換。

一直到現在，國家的特徵在那裏呢？最初社會用簡單的分工的辦法，替自己建立特殊的機關來保護自己的利益，經過了相當的時期，這些為他們特殊利益服務的機關（其中主要的是國家政權）從社會的僕人變成社會的主人了。這不但在世襲的君主政體內，即在民主的共和國內，也是如此的。在世界上沒有一個地方像美國那樣，『政治家』成為國家的如此特出、如此有力的部分，那裏兩大政黨*互和更迭的佔着統治的交椅，這種政黨裏面的管理者，又是那些把政治當作謀利事業的人，他們拿合衆國國會或是各州州議會的議席當做投機事業，或是以替本黨煽動為生活，在本黨勝利之後則得到相當職位的報酬。大家都知道，在最近三十年來，美國人為了推翻這種不能令人忍耐的桎梏，不知道花了多少氣力，然而，他們都還是一天一天跑到賣官鬻爵的泥坑中去。正是美國可以最明顯的看出，這國家政權如何從社會的工具變成了特出於社會的機關。那裏沒有皇朝，沒有貴族，沒有常備軍（除了幾個監視印第安人的兵士之外），沒有那種擁有經常位置與領取養老金權利的官僚。然而我們可以看到兩

共和黨與民主黨。在早先時期，民主黨是代表地主的南部底利益，共和黨是代表工業的北部底利益。現在，這兩黨都是金融資本底代表。　　　　　　　　　——編輯部註

陰謀派學校，慣於服從陰謀的嚴厲紀律的他們，以為用比較少數的勇敢的、很有組織的人，在某種順利的條件之下，就不僅可以奪得政權，並且用極大的努力來幹，還能夠保持政權，直至把民衆吸引到革命方面來，把他們環繞於少數領袖的四周為止。為了這個目的，首先必須把全部政權掌握在新的革命政府手中，成為最嚴格的專政的集中。勃朗基主義者佔據大多數的公社，做了些什麼呢？它對法蘭西各省發表了宣言，其中號召人民，將一切公社同巴黎聯合為一個自由的聯邦，為一個眞正的國民第一次自己造成的國家組織。常備軍、政治警察、官僚，一切這些為一八七九年拿破侖所造成的舊的集中政府的壓迫權力，從那時以來，都為每一新政府用來反對它的敵人的便利的工具，——這種權力，應該到處被消滅，如像它在巴黎被消滅一樣。

公社不得不從最初就承認，獲得政權的工人階級，不能利用舊的國家機關來進行統治；如若工人階級不願意失去它剛才獲得的政權時，則它應該：一方面取消全部舊的，直到

---

* 法國工黨在一八八二年愛田（Etienne）大會時分裂為兩派，一派擁護勃洛塞（Brousse）（可能派，是出自『可能』這個名詞，即是指順應『可能性』的人們）；一派擁護蓋德（Guesde）（馬克思主義者）。機會主義派——可能派或勃洛塞派——為獵取選舉的勝利而否認黨綱，他們的煽動只限於『可能實現』的要求；他們進行反對黨的紀律之鬥爭，要求地方黨部對於選舉綱領底問題，對於與其他政黨聯合的策略都有自主權。

——編輯部註

蒲魯東——這個小農與小手工業者的社會主義者,對於組合是痛恨的。他說,組合的中間,不好的地方超過好的地方,組合在其本質上是沒有效果的,它甚至是有害的,因為它是束縛工人自由的鎖鍊,是空洞的信條,是無用的、繁重的,不但達反工人的自由,而且,也是違反節省勞動的原則的;它的缺點比較它的優點發展得快;同組合相反,競爭、分工、私有財產却是經濟的力量。組合只有在大工業與企業中,如像鐵路中,才可以應用;但這樣的蒲魯東的意見,不過是特殊的場合而已。(參看他的著作『革命的一般見解』——Idee generale de la Revolution,第三版)

在一八七一年,就是在奢侈品手工業生產中心的巴黎,大工業也已經不是稀有的現象了。公社最重要的命令即要求把這種大工業以至把手工業組織起來,這種組織不但依據於每一工廠的工人組合,並且還依據於聯合所有這些聯合為一個大聯合。

這樣的組織,像馬克思在『內戰』中所正確地說明的,必然會達到共產主義,達到與蒲魯東主義直接相反的一面。這就是為什麼我們說公社是蒲魯東的社會主義學派的坟墓。這學派,現在在法蘭西工人中間已經消失了;不論在『可能派』(Possibilistes)中間,或是在『馬克思主義者』中間,都統治着馬克思的學說。蒲魯東主義者只有在『急進的』有產者中間還可以遇到。

勃朗基主義者的遭遇,也並不比較好些。向來就受教於自己人道行為的，是薩克遜軍團，他曾經放走了很多分明的公社的擁護者。

如若現在，在二十年之後，回顧一下巴黎公社的活動與歷史意義，那我們就可看到『內戰』的敘述，還需要有相當的補充。

公社社員共分兩部：大多數為勃朗基主義者，在國民軍中央委員會中間佔統治地位；少數為國際工人聯合會會員，可是主要是蒲魯東的信從者。那時，勃朗基主義者之所以是社會主義者，大部分只是根據他們的革命無產階級的本能，其中只有很少幾個靠着那位知道德國科學社會主義的凡蘭（Vaillant）的幫助，才得到對於基本原則的比較明白的了解。這就說明為什麼在經濟方面忽略了很多我們現在看來所必須要做的工作。尤其使我們不能了解的，是公社對於法蘭西銀行的寬大態度，這也是非常重大的政治的錯誤。把銀行拿到公社手中，這比一萬個抵押者都還有更大的意義，這將會使法國的資產階級，對凡爾賽政府施用壓力要它來同公社議和吧。但是，尤其令人注意的，就是雖然公社是由勃朗基主義者與蒲魯東主義者組成，但它的行動却常常是完全正確的。很明顯的，對於公社的經濟方面的訓令，不論是其優點或是缺點，負責的人，首先是蒲魯東主義者。對於政治的行動與缺陷，負責的人，是勃朗基主義者。像經常所發生的，當政權落到信條主義者手內時，他們的某些行動却正會同他們學派的信條上所寫的完全相反，這真是歷史的諷刺。

最主要的防線了。五月二十一日由於叛變、由於那裏國民軍的不謹慎的結果，他們闖進了城市。佔據北部與東部砲台的普魯士人，讓凡爾賽人通過那些依照和議條件他們所不能通過的區域去攻擊城的北部，以致他們能從防備較弱的很長戰線上（在那裏，根據議和條件，巴黎人認為是能夠保證不受侵犯的）實行進攻。這就說明，為什麼在巴黎西部以及在城市的富有區域，抵抗是比較的薄弱。這種抵抗，當敵軍愈是接近京城東半部，愈是接近工人區時，就愈是變成有力與頑強了。只在經過十八天的鬥爭之後，公社的最後擁護者才在貝爾維爾（Belleville）及米尼爾蒙當（Menilmontant）的高處倒地了，那時赤手空拳的男子、婦人與小孩之橫遭慘殺達到了極高度。這種殘殺，以更大的殘酷來進行，並且延長了整個的星期。用新式槍械來殺人還不夠快，結果更用溜彈砲去整千整萬地屠殺被征服者。貝爾拉希斯（Perelachaise）墳地上的公社社員的城牆，至今還屹然長存，在那裏曾施行了最後的大批的殘殺，這一城牆是啞口的同時又是很多表示的證人，說明當無產階級敢於出來保護自己權利之時，統治階級是會進行如何瘋狂的屠殺，於是開始了大批的逮捕，因為不能將所有被捕者完全殺掉，所以從其中任意抽出好些犧牲者拿來槍斃，其餘的則關在一個大營房中，等待軍事法庭的審判。從東北圍困巴黎的普魯士軍隊，得到了不准放鬆一個逃亡者的命令，但當兵士們服從他們的人道的感覺較甚於服從他們的長官之時，他們也只能裝做不知而已。特別表示出的那些改革（例如對於國家，宗教只是私事的原則的實現），或是頒佈了直接關係工人階級利益的並且在相當程度內深刻剌入現社會制度的那些決定。但在被圍的城市中，這些決定只能做到第一步，從五月初起，公社就已經用所有一切力量去和數量上日益增加的凡爾賽政府的軍隊進行鬥爭。

四月七日，凡爾賽人奪取了巴黎西部戰線上賽拉河旁納依（Neuilly）渡口，但四月十一日他們向南線進攻時，就被愛特（Eudes）將軍打敗了，而且使他們受到極大損失，那些如像聖者一般咀咒普魯士人砲擊巴黎的人，現在他們自己也不斷地砲擊巴黎了。這些人，現在要求普魯士政府快些歸還在西丹與美次所俘的法蘭西兵士，以便他們可以因其幫助來奪取巴黎。這些軍隊的逐漸歸還，使凡爾賽人自五月初起佔了決定的優勢。這在四月二十三日已可清楚看到了，當時梯也爾已經停止和公社所進行的談判（這一談判原來因公社建議而開始的，其目的，是把在巴黎拘押的巴黎主教與其他很多教士去和二次當選為公社委員當時還被監禁在克里爾華（Clairveaux）的勃朗基（Blanqui）對換），這在梯也爾演說口氣的改變中，更明白的表現出來：向來講話很謹慎，很含糊的他，現在忽然變成大胆的，粗暴的與威嚇的了。五月三日凡爾賽人佔據了南部陣線的茅林薩葵（Moulin Saquet）的高墩，九日佔據了被大砲轟毀了的依西（Issy）砲台，十四日佔據了萬維斯（Vanves）。在西部戰線上，他們在佔據了很多鄉村與建築物並延伸到了城牆脚下之後，就漸漸進攻到從沒有被執行的。四月六日在羣衆的狂歡之下，國民軍的第一百三十七營拖出斷頭台，把它當衆燒毀。四月十五日決定銷毀在一八〇九年戰爭後拿破倫用敵人的砲鑄成的、並爲民族侵略主義與民族仇視的象徵的凡東場上的凱旋柱。五月十六日實行了這一決議。四月十六日，公社命令登記一切爲工廠主所拋棄的工廠，製定了將他們交給這些工廠工人合作社去管理並將這些合作社合併爲一個總社的計劃。四月二十日取消了麵包工人的皮工，消滅了工作介紹所（自第二帝國起以來，這是警察所指定的對於工人的頭等剝削者的專利）。工作的介紹，現在由巴黎二十個市區*的市長管理。四月三十日取消了借貸處，這種借貸處是私人剝削勞動者的工具，是違反工人對於勞動工具、對於取得信用的權利的。五月五日決定折毀爲被殺的路易十六**贖罪而建立的小教堂。

這樣從三月十八日起，巴黎運動的純粹的階級性質便尖銳地表現出來了，這種性質，一直到現在是被對於外敵的鬥爭所隱蓋着的。公社的成分，差不多都是工人與公認的工人階級的代表，所以它的決議，也都分明地表示出堅決的無產階級的性質。公社或是頒佈了共和主義資產階級僅僅由於懦怯而不敢實行的，但對於工人階級的自由活動却是基本條件

* 爲市政管理之便，巴黎分爲若干市區，各市區有一市區長，爲該區之首領。　　　　　　　　　　——編輯部註
** 路易十六在第一次法國資產階級革命時被處死刑（一七九三年一月二十一日）。　　　　　　——編輯部註

領梯亥爾便不能不認清，巴黎的工人武裝着一天，有產階級——大地主與資本家——的統治就一天要受到危險。所以他的第一件事情，便是企圖解除他們的武裝。三月十八日他派了野戰聯隊去奪取國民軍的大砲（這些大砲是巴黎被圍時所造而預約由公家付錢的），但這一企圖沒有達到目的，整個巴黎都拿起了武器，實行自衞，巴黎與逃徙凡爾賽的法蘭西政府之內戰，就此開始了。三月二十六日選舉了公社，三月二十八日巴黎公社正式宣佈成立了。一直到現在，國民軍中央委員會拿了政權，並且已經頒佈了消滅醜惡『道德警察』之命令，這中央委員會把它的全權交給了公社。三月卅日公社取消了募兵制與常備軍，宣佈國民軍為唯一武裝的力量，這國民軍是包括一切能荷槍作戰的公民的。公社廢除了從一八七〇年十月至一八七一年四月的房租，將已付的租金作爲將來應付房租之用。它更制止了抵押於城市當舖內的物件的拍賣。同日，批准了當選於公社的外國人為公社委員，因爲『公社的旗幟，是世界共和國的旗幟』。四月一日決定公社辦事人員以及公社委員的薪水，不得超過六千法郞。次日宣佈了教會與國家的分離，取消了國家對於宗教事務的費用，把一切教會的財產轉爲國家的財產。四月八日更通令把宗教象徵、標本、教條與禱告等等——總而言之，卽把『一切有關個人良心的東西』從學校中驅逐出去，這一通令就逐漸被實行了。凡爾賽軍隊每天槍殺他們所捕去的公社的擁護者。所以在四月五日就頒佈了命令扣留抵押者，可是這一命令是幾個小資產階級武裝隊伍的干涉，使被捕者得到了釋放，為要免除在被敵所圍的城市內爆發內戰起見，還是給舊政府留下了權力。

最後為饑餓所迫的巴黎，於一八七一年正月二十八日出降了，但它的出降條件，在軍事史上真是空前高貴的。砲台是交出了，大砲從砲台上卸下來了，兵團與別動隊* 被解除了武裝，並且他們宣佈了自己為軍事的俘虜。但國民軍還是保留着槍械與大砲。它只是出來同勝利者議和。勝利者並不敢奏着凱旋曲進入巴黎，他們只是佔據了一個小小的城角，其中一部分只包括公家的公園，而且就在這裏，他們也不過佔據了幾天工夫！圍困巴黎至一百三十一日之久的他們，在這短短時期之內，反為武裝的巴黎工人所包圍。這些工人時刻注視着，不使一個『普魯士人』跨過他們所允許給勝利者的一角之狹窄的邊界。巴黎的工人竟使那些令法蘭西帝國全部軍隊放下武器的普魯士的軍隊對自己表示如何的尊敬呵！跑到這裏來想同革命的柱石算賬的普魯士的士官們，在這武裝革命的前面，却不能不恭敬地竚立起來，而不能不對之舉行敬禮！

在戰爭期內，巴黎的工人只限於有力地堅持着鬥爭的要求。可是當巴黎被交出，訂立了和平條約之後，新政府的首

---

*　別動隊是拿破倫第三在一八六八年所創立的預備軍，以備在戰爭時保衛城市之用。
　　　　　　　　　　　　　　　—— 編輯部註

個時間，在一八六六年普奧戰爭+之後，是已經到來了。被俾斯麥所欺騙並被他自己的狡猾但猶豫的政策所欺騙的拿破倫，在等待着『土地報償』之際，便自然只有出之於戰爭之一法。這一在一八七〇年爆發的戰爭，遭到了西丹的大敗++與威爾海姆斯罕的被囚。

失敗的必然的結果，是一八七〇年九月四日的巴黎革命。帝國如像紙製的房子一樣傾覆下來。法蘭西又重新宣佈為共和國了。但在城門前站着的是敵人。皇帝的軍隊，一部分被圍困在美次，沒有放出的希望；一部分則當了德意志的俘虜。因為情形如此緊急，所以人民允許舊法國中的巴黎的議員自己組織『國防政府』。他們當然很快就答應了，因為那時一切能負險作戰的巴黎人，為了防禦的目的完全武裝起來，充當國民軍，工人就在國民軍中佔據了多數。但不久以後，差不多全由有產者組成的政府與武裝的無產階級之間的矛盾，就表露出來了。十月三十一日，工人武裝隊伍佔領了市政府，並逮捕了幾個政府的委員。政府的叛變與失信以及

+ 普奧戰爭是俾斯麥所謀劃的，為的是排除普魯士在統一德意志時的老敵手——奧大利。普魯士在這次戰爭中戰勝了奧大利，因而保證它在德意志統一中的盟主地位。拿破倫第三在普法戰爭中保持中立，因為他希望得到德意志諸邦底領土之一部作為他保持中立的報酬；這是俾斯麥所答應的。——編輯部註

++ 一八七〇年九月二日，法國皇帝所統率的法國軍隊底主要部分，在色當（Sedan）（法國東北部的一個市鎮）向普魯士軍投降。——編輯部註

民會議。第二帝國†成立了，這是少數政治的與財政的冒險家對於法蘭西的剝削。但同時，工業發展的迅速，是在路易裴立伯的殘暴的與懦怯的制度下，在大資產階級中的一小部分絕對統治的時代所夢想不到的。拿破崙第三在保護資產階級不受工人的侵犯與保護工人不受資產階級的侵犯的藉口之下，取消了資本家的政權；可是它的統治，却助長了投機事業與工業的發展，一言以蔽之，助長了直到現在沒有見過的全部資產階級的富庶與繁榮。它更厲害的助長了賣官鬻爵與大批貪客，做這些行爲的人，團集於皇帝宮庭的周圍，他們從這種富庶上得到極大的利息。

但第二帝國是對於法蘭西國家主義的號召；也就是擴張到一八一四年所失去的第一帝國邊疆，至少是第一共和國邊疆的要求。法蘭西帝國，不能永處於舊皇國的疆界之內，更不能永處於一八一五年更狹窄的疆界之內，因此就不時發生了戰爭與擴大國界的必要。最吸引法蘭西國家主義幻想的地方，就是德意志的萊茵河左岸。在國家主義者的眼中看來，萊茵河上的一平方英里，較之亞爾卑山或其他地方的十平方英里，還要貴重得多。在第二帝國之下，歸還萊茵河左岸（一下子或是分次地）的要求實不過是時間的問題罷了。這

---

† 法國在拿破崙第三（一八二五——七〇年）統治的時期，稱爲『第二帝國』，以別於拿破崙第一（一八〇四——一四年）底『第一帝國』。　　　　　——編輯部註

解除工人的武裝。這工作在六月暴動中完成了。他們（指資產階級共和派）的直接的食言，明顯的侮辱以及流放一切失業工人到遠方去的企圖，逼使工人們不能不起來暴動。政府已經預先保證自己有極大優勢的力量，所以工人們在經過五天英勇的抵抗之後，終於失敗了。接着就開始了自從羅馬帝國陷落前的國內戰爭以來所沒有見過的大批赤手空拳的俘虜的被殺。資產階級第一次做給人家看：當無產階級敢於以單獨的階級的資格、以自己的要求起來反對它的時候，它將如何以瘋狂般的殘暴手段來對無產階級復仇，但如把一八四八年來同一八七一年的暴行相比較，那還不過是兒戲而已。

可是，資產階級不必很久的等待它所應得的處罰。如若無產階級還不能管理法蘭西，那資產階級也已經不能，至少在那個時候，已經不能管理法蘭西了，那時資產階級的大多數都是保皇黨的，其中分成三個皇朝的政黨*，第四個才是共和黨。它的內部的相互殘殺，使冒險家拿破倫第三奪得了一切最主要的政權機關：軍隊、警察與行政機關。並且使他於一八五一年十二月**推倒了資產階級的最後柱石——國

---

* 法國的保皇黨在那時分為三派；一派是『合法派』，擁護波旁底『合法的』王朝；一派是『奧利恩派』，擁護奧利恩王朝；一派是『拿破倫派』，擁護拿破倫第三。——編輯部註

** 法蘭西共和國大總統拿破倫第三於一八五一年十二月二日舉行政變，解散國民會議，一年之後，自立為法國皇帝。參看馬克思所著『拿破倫第三政變記』一書。——編輯部註

勝利之後要提出它自己的要求。這些要求，多少是不清楚的與模糊的，這每次要看巴黎工人的覺悟程度而定。但歸根到底，這些要求的目的，是在於消滅工人與資本家的階級的對抗。如何可以達到他們的目的，這是他們所不知道的。可是就是這些要求的本身，雖是它不十分確定，但已是對於現在社會制度的危險。提出這些要求的工人，是武裝起來的。所以佔有國家統治權的資產階級的第一個任務，便是解除工人的武裝。所以在每次用工人的手取得了革命的勝利品之後，隨着即發生新的鬥爭，這鬥爭的終結，是工人的失敗。

這事第一次發生於一八四八年。屬於國會反對派的自由資產階級大張筵宴，其目的是要實現一種使他們政黨可以得到統治地位的選舉改良。對於政府的鬥爭，使他們不能不常常求助於民衆，並且慢慢地將資產階級與小資產階級內急進的與共和主義的分子，提到前面來。可是在這些人的後面，却站着革命的工人，這些工人從一八三〇年起已經得到了遠比那些有產者甚至比那些共和黨所設想的爲多的政治獨立性了。當政府與反對派的關係發生了危機之時工人們卽開始了巷戰。路易裴立伯(Louis Philipe)消失了，選舉的改革也跟着它消失了。代之而起的是共和國，而這共和國，勝利的工人們竟宣佈它爲『社會的』共和國。到底什麼叫做社會的共和國，那誰也不知道，就是工人們自己也不知道。但他們現在已經武裝起來了，他們已是國家的一種力量了。所以當政的資產階級共和派當他們已經相當穩定之後，第一件事便是併法國省份不是使法國投入了俄羅斯的懷抱中嗎？倖斯麥不是在整個的二十年內勞而無功地找求着沙皇的恩寵，並且他這樣的投拜在『神聖的俄羅斯』前面，比它還沒有變成『第一歐洲強國』之前的小小普魯士平常所做的還要卑恭得多嗎？

戰爭的恐怖不是常常懸在我們的頭上嗎？這戰爭的第一天，必將把一切世界強國的紙上的聯合，變成灰燼，這戰爭（除了它的結果之絕對不可知可以斷定之外，其餘還不能確定的說）必定是人種的戰爭，它必將把歐洲交給一千五百萬或二千萬武裝的士兵去掠奪。但這戰爭直到現在所以沒有發生者，就是因為它的結果絕對不能預知，所以使最大的軍事國家中之最有力者，也不能不發生危懼。

所以將這些敏銳地證明一八七〇年國際工人政策的遠大眼光而大半已為人們所忘却的文件，重新刊印出來給德國的工人們知道，實是非常必要的。

我關於這兩篇宣言所說的話，同樣是可以應用於『法蘭西內戰』的。五月廿八日，公社的最後保護者在卑爾維爾被優勢的敵人力量所消滅了。兩天之後，五月卅日，馬克思卽在總委員會上面宣讀他的著作，在這中間，他用簡短的有力的幾點判定巴黎公社的歷史意義；他的話是如此的正確，如此的適當，使以後關於這問題的一切文獻都望塵莫及。

從一九八九年起，法國經濟的與政治的發展，使後來五十年內在巴黎發生的每次革命不能不參有無產階級暴動的性質，拿它自己的鮮血做代價去得到勝利的無產階級，當然在第一次宣言中說：假若德國反對拿破倫第三的防禦戰爭蛻化爲反對法蘭西人民的掠奪戰爭的話，那末德國將要重新遭受到（而且將更加厲害）它在所謂解放戰爭※之後所遭受的那些不幸，這話現在難道不是已經證實了嗎？不是我們受到了整個二十年的俾斯麥的統治嗎？不是在這期間我們所獲得的並非取締政客的辦法，而是用同樣警察的專橫、同樣可恨的法律的曲解來壓迫社會主義者的法律嗎？

難道馬克思的預言，說亞爾薩斯與勞倫的歸倂『會使法國投入俄羅斯的懷抱中』，※※ 說在這歸倂之後，德國或是將公開變爲俄國的奴僕，或是在短期的休息之後將準備開始新的戰爭，即開始『對於斯拉夫人與羅曼人的聯合人種，進行人種戰爭』。這些話不是一個個字都證實了嗎？德國的歸

　※ 拿破倫第一把德國底一部分領土割入法國，並使其餘部分隸屬於他。普魯士領導德國各邦與我皇聯盟，向拿破倫第一作戰（一八一三至一四年）。　　　　　　——編輯部註

　※※ 引自總委員會關於法普戰爭的第二次宣言。馬克思預料到在亞爾薩斯、勞倫被合倂之後法國一定渴望復仇，而且一定是在找求同盟者，第一就找沙皇制度的俄國。在一八七〇年九月一日，馬克思寫信給索爾格（Sorge），說：

　『普魯士的傻子們所看不見的，就是：現在的戰爭，不能避免地要引起德俄戰爭，正如一八六六年的戰爭必然引起普法戰爭一樣。這是我從這次戰爭中爲德國所期待的最好的結果。如果不與俄國同盟，不隸屬於俄國，特殊的『普魯士主義』就從沒有存在過，也決不能存在。第二次這樣的戰爭，將成爲俄國的不可免的社會革命之助產婦。』　　　　　　——編輯部註

恩格斯的引言

要求再版國際工人聯合會總委員會所發表的關於『法蘭西內戰』的宣言，並要我給它做一篇引言，這是出於我意料之外的，所以我在這裏只能很簡短地把最重要的幾點略說一下。

在上述較長的著作之前，我更加上了總委員會爲普法戰爭而作的兩篇較短的宣言。我所以這樣做的原因，第一，因爲『內戰』一書內曾引證到第二次的宣言，而這二次的宣言如不同第一次的宣言合併着看，又不是到處都能明白的。其次，因爲這兩篇同爲馬克思所寫的宣言，不較『內戰』一書爲差地同是一種顯著的模範，表現出作者正確把握偉大歷史事變的性質、意義與其必要結果之驚人的天才（這種天才作者最初表現於『拿破倫第三政變記』一書之中），而此等事變在當時或者是還在我們的眼前展開着，或者是不久才告終結的。最後因爲我們在德國直到現在還受累於馬克思所預言的那些事變的惡果。

目 錄

恩格斯的引言……………………………………… 1
國際工人聯合會總委員會爲普法戰爭告歐美各分會
　全體會員第一書………………………………… 19
國際工人聯合會總委員會爲普法戰爭告歐美各分會
　全體會員第二書………………………………… 27
國際工人聯合會總委員會爲法蘭西內戰告歐美各分
　會全體會員書…………………………………… 39
馬克思致顧格曼論巴黎公社的信………………… 105
列寧在『馬克思致顧格曼書信集』俄譯本序文中論
　巴黎公社………………………………………… 111

馬恩叢書・第五種
法蘭西內戰
著者： 卡爾・馬克思
譯者： 吳黎平、劉雲
一九三八年十一月出版
✻ 實價國幣三角 ✻

馬克思恩格斯叢書・第五種

法蘭西內戰

吳黎平、劉雲合譯

1938

法蘭西內戰

BURGERKRIEG IN FRANKREICH

馬恩叢書 5
卡爾・馬克思著
吳黎平、劉雲譯
1938